KIRIBATI

EINE INSELWELT VERSINKT IM MEER

Aus dem Italienischen
von Barbara Holle

Alice Piciocchi
Andrea Angeli

SIEVEKING
VERLAG

Für Kapitän James Cook

◊

Er machte ein Schiff seeklar, heuerte etwa hundert
Mann an, darunter Offiziere, Matrosen, Steuermänner,
Köche, Astronomen, Botaniker und natürlich Kartografen.
Er belud es mit Proviant und Vorräten, mit denen die
Mannschaft mindestens zwei Jahre überleben konnte.
Er ließ Münzen prägen, um sie, zum Beweis seiner Entdeckung, in
den neuen Ländern zu verteilen. Ihm war bewusst, dass er unter
Umständen nicht mehr zurückkehren würde.
Vor 300 Jahren war es ein beschwerliches, langwieriges Unterfangen,
das Unbekannte zu entdecken und zu dokumentieren, und beim
Durchblättern der Geschichtsbücher kann man auf unglaubliche
Berichte über kühne, furchtlose Seefahrer stoßen, die als Erste
die Grenzen unbekannter Länder absteckten. Die Helden der
Vergangenheit loteten Tiefen aus, maßen Breiten und Längen und
haben uns mit ihren exakten Karten und Aufzeichnungen anschauliche
Zeugnisse der entlegensten Ecken des Globus überliefert.
Doch wie sieht eine Entdeckungsreise heute aus?
Gibt es im Zeitalter der Entdeckungsreisen 2.0 überhaupt noch Orte
und Geschichten, die man aufspüren und erkunden könnte? Und wie
soll man die neuen Horizonte beschreiben, um den Abenteurern
von morgen ein mitreißendes Vermächtnis zu hinterlassen?

Ohne Schiff und ohne Mannschaft, aber ausgestattet mit ein bisschen
Wagemut, sind wir ans Ende der Welt gereist, um die Besonderheiten
eines Volkes zu dokumentieren, von dem niemand weiß, wie und
wo es morgen leben und ob es überhaupt noch existieren wird.
Gestern, heute, morgen, wir sind immer auf der Reise.

PERAGRO

Kiribati

◊

Auf Kiribatisch: [ˈkiɾibas] Inselstaat in Mikronesien im Pazifik, etwa in der Mitte zwischen Australien und Hawaii, am Schnittpunkt zwischen Äquator und Datumsgrenze gelegen, besteht aus 32 Atollen (von denen zwölf unbewohnt sind). Die Atolle verteilen sich auf drei große Inselgruppen: die Gilbert-Inseln (ursprünglich *Tungaru*) im Westen, die Phoenix-Inseln in der Mitte und die Linien-Inseln oder Zentralpolynesischen Sporaden im Osten. Die Insel Banaba liegt etwas abseits im Westen der drei Inselgruppen. Die 726 km² Landfläche verteilen sich auf ein weiträumiges, insgesamt 3,5 Millionen Quadratkilometer umfassendes Seegebiet, das sich über eine Entfernung von 5000 Kilometern von Westen nach Osten und über 2000 Kilometer von Norden nach Süden erstreckt. Bis 1995, vor der Verlegung der Datumsgrenze nach Osten, hatte der Tag auf dem Staatsgebiet von Kiribati zwei verschiedene Kalenderdaten.

Das barfüßige Volk

Kleine Punkte inmitten von Blau am Rand der Weltkarte. Ein entlegenes Land, das Geschichten birgt, die allmählich in Vergessenheit geraten. Es ist der mitten im Pazifik gelegene Inselstaat Kiribati, der wegen seines zu erwartenden tragischen Schicksals von sich reden gemacht hat. Viele Experten gehen davon aus, dass Kiribati das erste Land auf der Erde sein wird, das in 20, 30, 50 oder 100 Jahren buchstäblich untergehen wird. Schuld daran ist der Klimawandel. Er hat zur Folge, dass sich das Meer in so bedrohlichem Maße ausdehnt, dass Anote Tong, der Präsident von Kiribati, 2015 einen Plan B vorgelegt hat, mit dessen Hilfe man den Treibhauseffekt überleben könnte: Er sieht eine Massenumsiedlung auf ein 3000 Kilometer entferntes Gebiet auf den Fidschi-Inseln vor, das man 2014 von der anglikanischen Kirche gekauft hat. Eine Geschichte, die uns so fasziniert und neugierig gemacht hat, dass wir nicht zögerten, die 14 768 Kilometer zurückzulegen, die uns von Kiribati trennen. Eine Reise, die wir mit vielen Fragen, Erwartungen und Zweifeln antraten und die für uns, aber auch für die Menschen, denen wir begegneten, eine intensive Erfahrung war.

Als wir in Italien zu unserer Reise aufbrachen, erwarteten wir, ein Land im Notstand vorzufinden, verzweifelte Familien, die auf gepackten Koffern sitzen, und einen fundierten Evakuierungsplan, hinter dem das ganze Land steht.
Das Szenario, das wir dann vorfanden, war jedoch ein ganz anderes: Asphaltierarbeiten an der einzigen, neben Hütten aus Holz und Blattwerk verlaufenden Straße, kleine Jungen, die Kartoffelchips aßen, aber kein Trinkwasser hatten, Männer, die sich die Zeit mit dem Tablet vertrieben, aber keine Schuhe trugen, Frauen, die sich mit Parfüm besprühten, zum Duschen aber auf Regen warten mussten.
Ein Volk, das mehr damit beschäftigt war, die Phase des Übergangs zwischen Tradition und Moderne zu bewältigen, als sich auf die mögliche Umsiedlung vorzubereiten.
Die Skepsis und Ungläubigkeit, die in der Bevölkerung herrschen, sind groß, und ohne die notwendigen wissenschaftlichen Grundlagen ist es schwer zu verstehen, welche Theorie die überzeugendste und wahrscheinlichste ist.
Doch dann sind wir einen Schritt zurückgegangen und haben erkannt, dass es uns nicht um die Umsiedlung ging, sondern um

die Momentaufnahme einer von vielen – auch widersprüchlichen – Facetten geprägten Identität im Hier und Jetzt. Okkulte Rituale, Legenden, an die Landschaft und ihre Ressourcen gebundene Bräuche, ein von den Gezeiten geprägter Lebensrhythmus, die Umgangsformen, Artefakte, Symbole, Werte und kulturellen Konventionen: Das kollektive Gedächtnis dieses Landes ist ein Gut, das es zu bewahren gilt. Da es vorwiegend mündlich überliefert wird, besteht die Gefahr, dass es untergeht oder in Vergessenheit gerät.
Dieses Buch soll ein Zeugnis sein, eine Sammlung jener Merkmale, die seine soziale und kulturelle Struktur ausmachen. Eine Momentaufnahme, die man im Falle einer – wahrscheinlichen, möglichen, theoretischen – Umsiedlung mit sich tragen kann. Damit aus den Pünktchen auf der Karte etwas mehr wird.

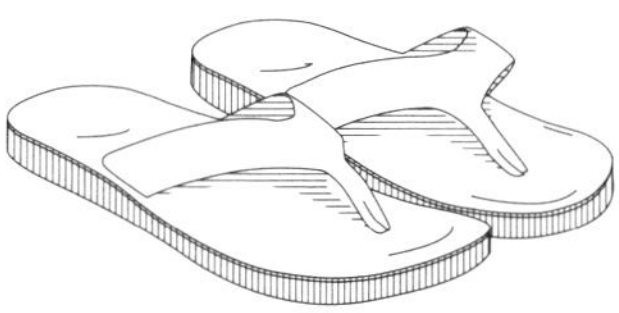

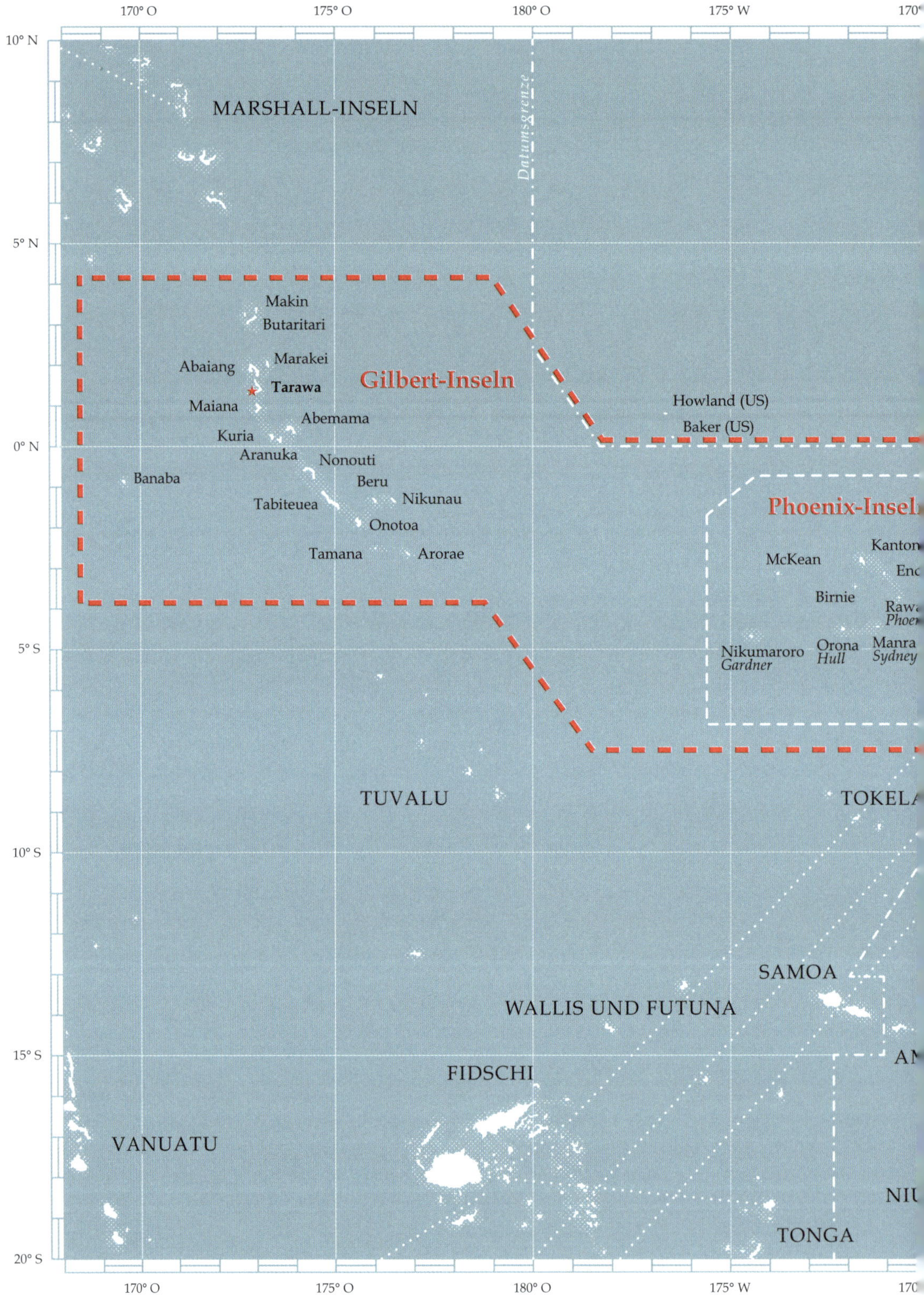
170° O
175° O
180° O
175° W
10° N
5° N
0° N
5° S
10° S
15° S
20° S
MARSHALL-INSELN
Datumsgrenze
Gilbert-Inseln
Makin
Butaritari
Marakei
Abaiang
Tarawa
Maiana
Abemama
Kuria
Aranuka
Nonouti
Banaba
Beru
Nikunau
Tabiteuea
Onotoa
Tamana
Arorae
Howland (US)
Baker (US)
Kanton
McKean
Birnie
Nikumaroro
Gardner
Orona
Hull
Manra
Sydney
TUVALU
SAMOA
WALLIS UND FUTUNA
FIDSCHI
VANUATU
TONGA

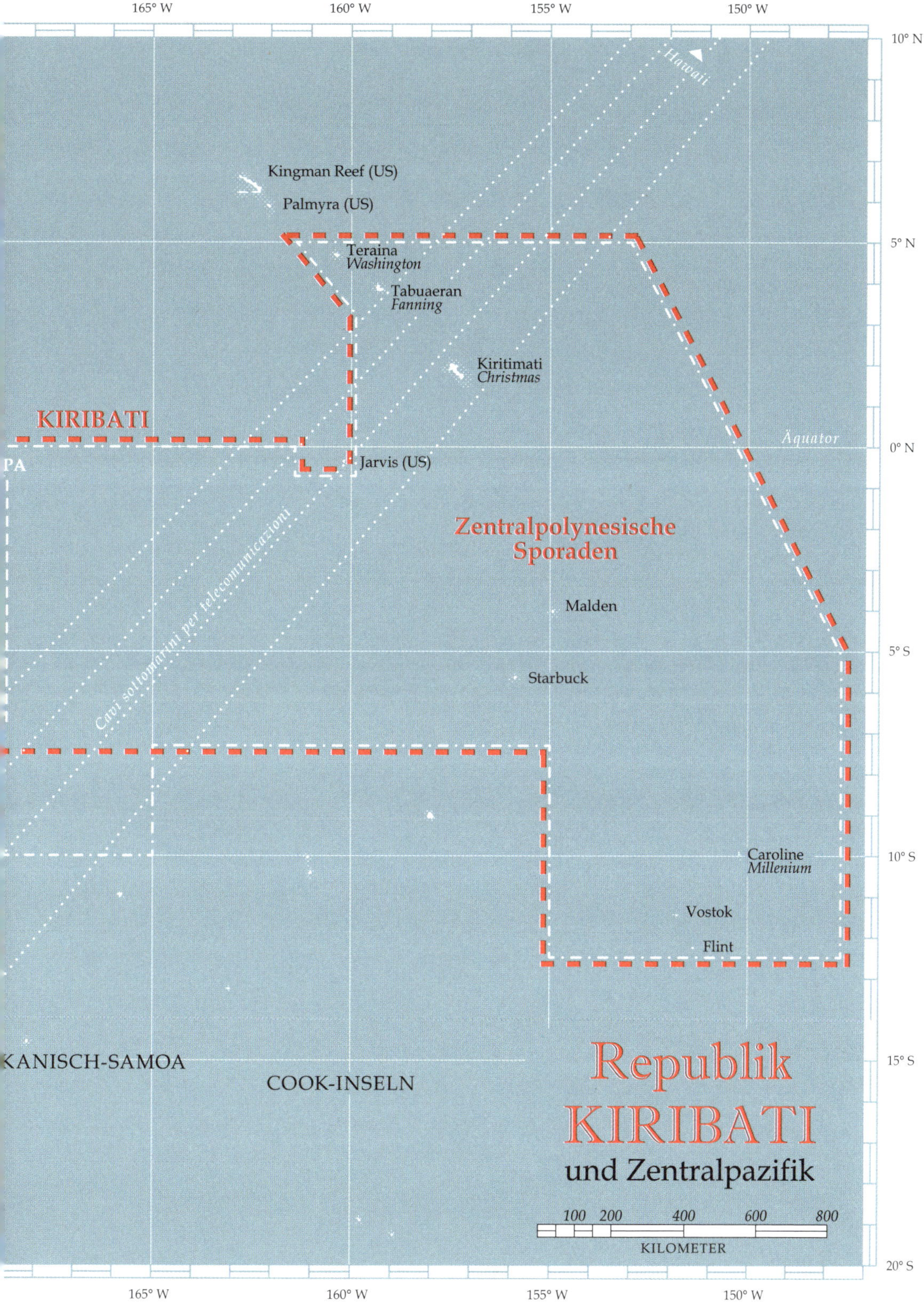

165° W
160° W
155° W
150° W
10° N
5° N
0° N
5° S
10° S
15° S
20° S
Hawaii
Kingman Reef (US)
Palmyra (US)
Teraina
Washington
Tabuaeran
Fanning
Kiritimati
Christmas
KIRIBATI
PA
Jarvis (US)
Äquator
Zentralpolynesische
Sporaden
Cavi sottomarini per telecomunicazioni
Malden
Starbuck
Caroline
Millenium
Vostok
Flint
KANISCH-SAMOA
COOK-INSELN
Republik
KIRIBATI
und Zentralpazifik
100
200
400
600
800
KILOMETER

Illustriertes Reisetagebuch

SITTEN
ANTHROPISCH
NATÜRLICH
UMWELT
68. Was is
82. Eine Tür öffne
76. Das erste Mal
30. Eine Panne mit angenehmen Folgen
80. Isoliert und doch verbunden
64. Der Himmel ist wie ein Buch
26. Niemandes Land
98. Der Inselgeist
58. Eine wertvolle Pflanze
34. Das Kleid mit dem Fruchtecocktail
20. Eine Glückszahl
38. Die treue Braut
Mit Fantasie allein ist es nicht getan
86. Mit Fantasie
unscharmband
62. Wer eine Venusmuschel findet …
rche Noah
56. Flechtwerke
EITAKTIVITÄTEN

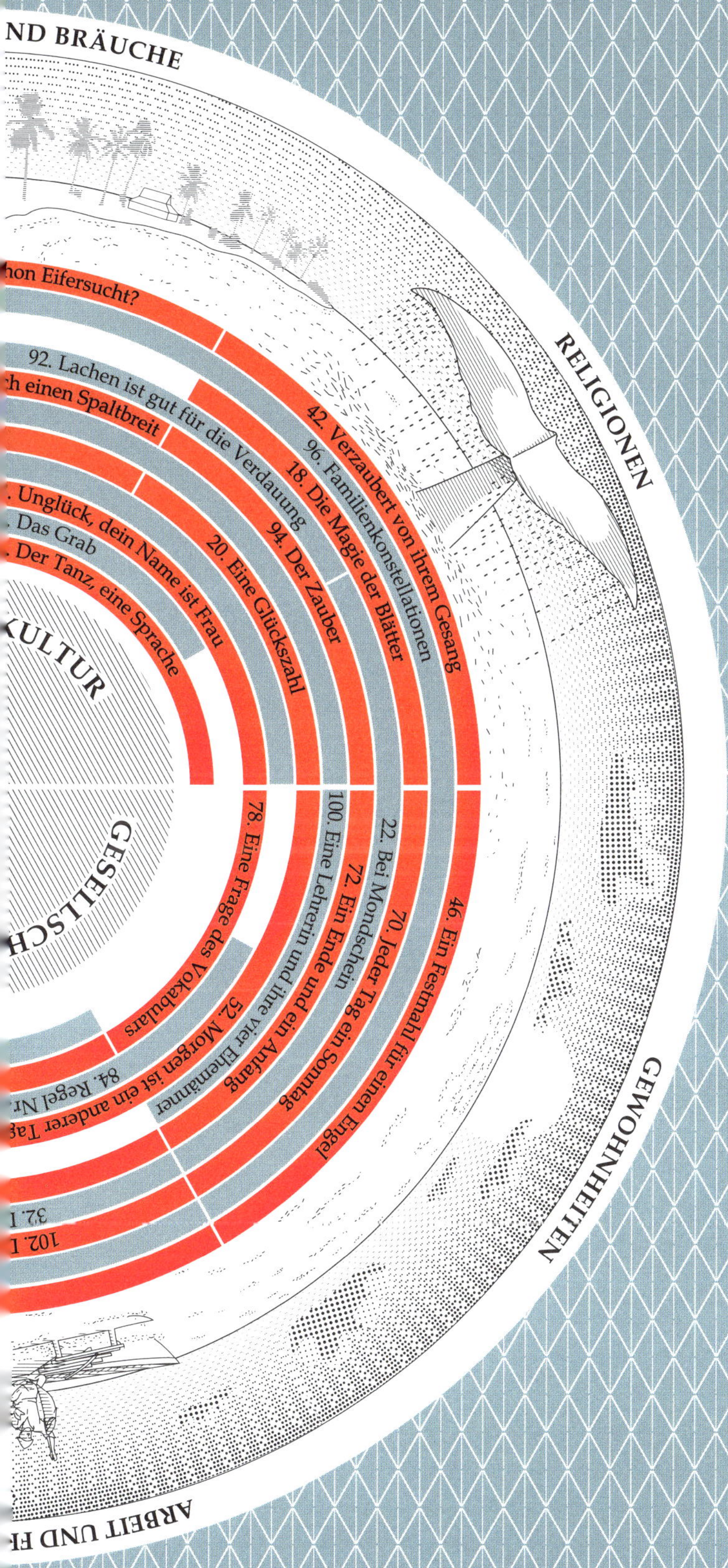

Dieses Buch lässt sich kreisförmig von Anfang bis Ende und vom Ende bis zum Anfang lesen. Jedes Kapitel behandelt einen wesentlichen kulturellen, ökologischen und sozialen Aspekt der Landesidentität. Es sind Puzzleteilchen, die man zusammensetzen und wieder auseinandernehmen und mit sich tragen kann.

Die Magie der Blätter

Süd-Tarawa, 12. September, 16.30 Uhr

Sie sitzt im Schneidersitz vor uns. Ihre Gesichtszüge sind im gedämpften Licht der Holzhütte kaum zu erkennen. Ihre Enkelin neben ihr dolmetscht für uns. Unablässig streicht sie über die langen Kokospalmenblätter, die sie in der Hand hält, als wollte sie sie glätten.

Wir fragen, ob sie uns helfen könne, etwas wiederzufinden, das wir verloren haben, doch sie schüttelt den Kopf. Das ist verboten, antwortet sie. Früher war das anders, da kamen ständig Leute und baten um Hilfe. Wenn man die Gabe besitzt, Verlorenes wiederzufinden, kann man sehr populär werden.

Aber eines Tages verriet der Großvater ein Versteck mit Diebesgut und so auch das der Diebe und wurde von der Polizei als Komplize verhaftet. Sie lächelt leicht melancholisch und streicht, in ihre Erinnerungen versunken, weiter über die Blätter. Dann plötzlich ist sie wieder ganz im Hier und Jetzt und erkundigt sich, ob wir vielleicht einen Arzt suchen. Die Blätter in ihrer Hand könnten ihr den für uns besten nennen. Sie müsse lediglich den vollen Namen, das Geburtsdatum und den Geburtsort des Patienten, seine Religionszugehörigkeit und die Symptome der Beschwerden wissen. Wir schreiben ihr die Angaben auf einen Zettel. Sie beginnt irgendetwas zu murmeln, schreibt Zahlen auf ein Blatt Papier und sieht dann mit einem Mal konzentriert das Kokospalmenblatt an. Sie faltet das Blatt dreimal und entfaltet es wieder. Dann faltet sie es erneut und bindet es mit einem Faden zusammen. Sie wiederholt das Ganze mit weiteren Blättern und hält dann inne. Über die Enkelin ergießt sich nun ein regelrechter Wortschwall. Dann schlägt sie die Blätter, die sie benutzt hat, in ein Geschirrtuch ein und erhebt sich. Wir sehen die Enkelin fragend an.

Die Magie der Blätter ...

PHYTOTHERAPIE

Es gibt etwa 40 Heilpflanzen. ♦ In Süd-Tarawa vertrauen sich im Durchschnitt 15% der Kranken einem Heiler an. ♦ Mindestens 10% der an Denguefieber und Durchfall Erkrankten vertrauen auf die traditionelle Medizin.

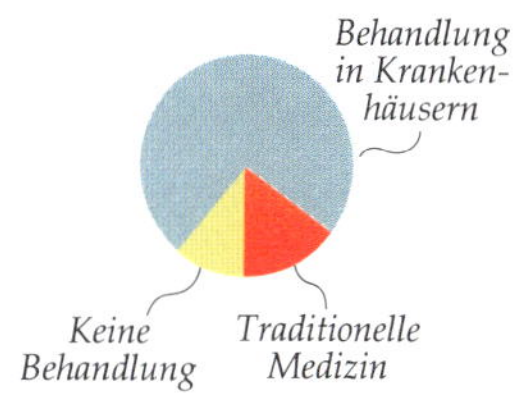

MEDIZIN

Rund die Hälfte der etwa 800 im Gesundheitswesen Tätigen arbeiten in der Pflege, nur 6% sind Ärzte. ♦ 70% aller Mitarbeiter sind weiblich. ♦ Es gibt 4 Krankenhäuser und 34 medizinische Versorgungszentren, davon 8 in Süd-Tarawa.

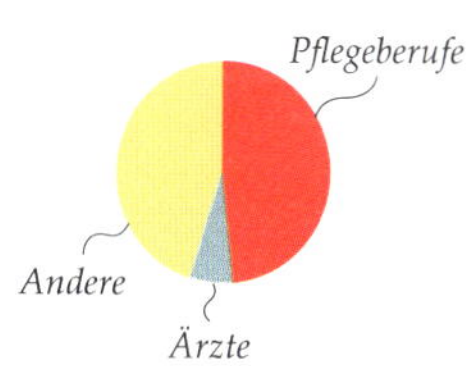

Eine Glückszahl

Süd-Tarawa, 14. September, 8.00 Uhr

Die kia-kia, *eine Art Unterstand mit Strohdach, der an den Seiten offen ist, ist die kleinste bewohnbare Hütte und wird für gewöhnlich als Ruheraum genutzt.*

Eins, zwei, drei. Eine Zahl, die sich wiederholt, ist eine Glückszahl, erklärt man uns. Es ist früher Morgen. Wir sitzen alle drei auf dem Boden der **kia-kia**. Im Hintergrund hört man das Grunzen von etwa 20 Schweinen, die ungeduldig auf ihr Frühstück warten.

Der Doktor, ein Mann um die 50 mit bedächtigem, konzentriertem Gesichtsausdruck, kniet hinter dem Patienten, während dieser mit besorgter Miene, steif aufgerichtetem Oberkörper und gekreuzten Beinen in die Ferne blickt. So wie dieser Patient lassen sich im Jahr Hunderte anderer Patienten von dem Mann behandeln, dessen Familie seit Generationen dafür bekannt ist, geistig bedingte Leiden heilen zu können, und als solche hatte er auch die Ohrenprobleme dieses Patienten eingeordnet.

Die Behandlung beginnt. Dreimal wiederholt der Doktor jede seiner Gesten. Drei Tropfen Öl gibt er auf die Stirn, die Augenbrauen und die Unterarme und verreibt sie jeweils mit drei Bewegungen von innen nach außen.

Dann folgt der Zaubertrank, ein wenig verlockend aussehendes Gebräu auf der Basis von aromatisiertem Öl und Noni-Saft. Der Patient trinkt und verzieht angeekelt das Gesicht. Zum Schluss werden noch je drei Noni-Blätter zu zwei kleinen Päckchen zusammengerollt. Mit dem einen muss er sich mit den bekannten drei Bewegungen über die Brust streichen, mit dem anderen – zu Hause – um die Scham, jeweils dreimal von unten nach oben und von links nach rechts.

Ich beobachte, wie er einen Seufzer der Erleichterung ausstößt, als wolle er sagen: Fürs Erste wäre das überstanden. Ich sehe ihn an, sein Optimismus rührt mich. In ein paar Stunden, um fünf Uhr nachmittags, wird die ganze Prozedur noch einmal wiederholt, und das noch einmal zwei Tage, insgesamt also drei Tage lang.

Wie gut, dass die Glückszahl nicht die 28 ist …

TE KARAWA
Cordia subcordata
Zur Linderung von Kontraktionen und Behandlung von Hepatitis
TE MAO
Scaevola sericea
Bei Diabetes, Infektionen der Augen und der Scheide
TE NONI
2150
Morinda citrifolia
In allen Teilen bei zahlreichen Beschwerden wie Schnupfen, Husten, Infektionen, Schmerzen etc. verwendbar
TE KIAOU
Triumfetta procumbens
Zur Behandlung von Brustkrebs und Zahnschmerzen
TE ROTI
Hibiskus
Zur Behandlung von Zysten

Bei Mondschein

Nord-Tarawa, 17. September, 22.00 Uhr

Mittelpunkt des sozialen Lebens der Gemeinde ist die maneaba*, das größte Gebäude im Ort, das für Diskussionen, Feste und Feiern genutzt wird. Die Bewohner können dort aber auch im Freien übernachten.*

Die kia *ist eine Matte, die aus den Blättern des Schraubenbaums gefertigt wird. Sie ist aufwendiger und feiner gearbeitet als die Matten aus Kokospalmenblättern* (te iinai).

Wir folgen der vielstimmigen Melodie, die von der anderen Straßenseite zu hören ist und uns wie ein Kompass durch die stockfinstere Nacht führt. Um nicht zu stören, bleiben wir an der Seite stehen und verfolgen von dort aus das Spektakel. Wir befinden uns in der größten **maneaba** der Insel. Sie ist aus Beton und nicht traditionellerweise aus Korallen und Holz gebaut. Auf der Seite machen sich ein paar Leute für die Nacht bereit und rollen ihre **kias** zum Schlafen aus. Sie ziehen es vor, gemeinsam mit anderen in einem Gemeinschaftsraum wie diesem und nicht im eigenen Haus zu schlafen.

Nicht weit entfernt von uns liegt ein Mann, der ein Buch liest. Bücher lesende Menschen sieht man hier selten, er ist wohl der Erste, den ich etwas anderes als die Lokalzeitung lesen sehe. In der Mitte des riesigen, mehr als 2000 Quadratmeter großen Raumes sitzen etwa 30 Personen im Kreis und singen, dirigiert von einem Mann, der als Einziger steht, wohlklingende Lieder. Sie strahlen eine Energie aus, bei der man Gänsehaut bekommen könnte. Ich schließe die Augen und imaginiere ganze Heerscharen von Sängern. Plötzlich wird der Rhythmus unregelmäßig, die Töne werden schrill, dissonant, angsterfüllt. Ich öffne die Augen und sehe, dass alle mit nach oben gestreckten Händen kniend in einem kollektiven Schrei verharren. Auch ein kleines Mädchen wiederholt mit geschlossenen Augen euphorisch immer wieder den gleichen Satz. Der Schrei verstummt und hallt unter der hohen Decke wider. Kurz darauf stimmt der Chor den kakofonischen Gesang erneut an. Zwischen den Sätzen ist das Wort Jesus herauszuhören: Wir sind gerade Zeugen einer Messe von Gläubigen der Versammlungen Gottes, eine der zahlreichen Glaubenslehren, denen sich die Bevölkerung nach Ankunft der Missionare angeschlossen hat.

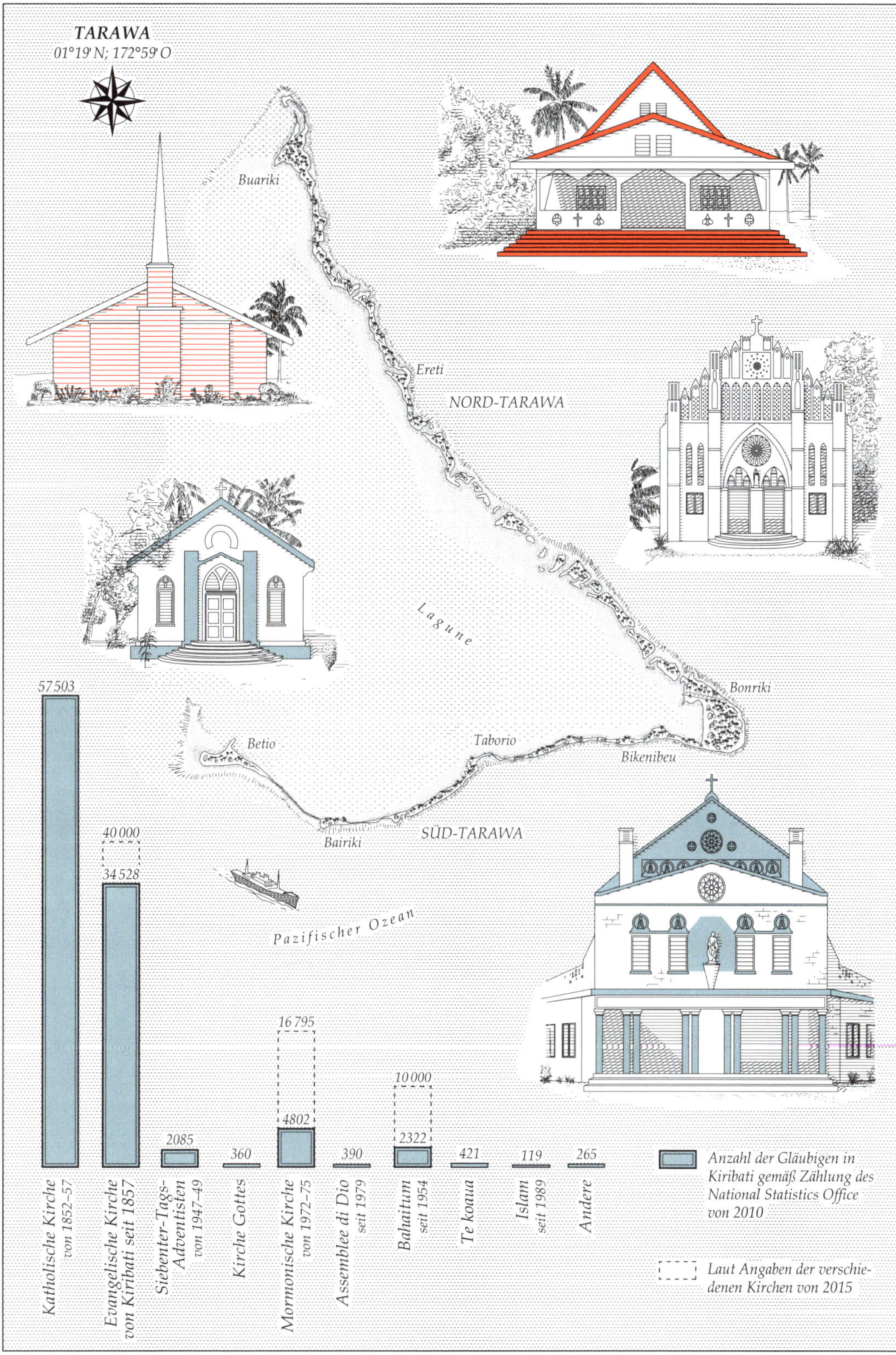
TARAWA
01°19′ N; 172°59′ O
Buariki
Ereti
NORD-TARAWA
Lagune
Bonriki
Taborio
Betio
Bikenibeu
Bairiki
SÜD-TARAWA
Pazifischer Ozean
57 503
40 000
34 528
2085
360
16 795
4802
390
10 000
2322
421
119
265
Katholische Kirche von 1852–57
Evangelische Kirche von Kiribati seit 1857
Siebenter-Tags-Adventisten von 1947–49
Kirche Gottes
Mormonische Kirche von 1972–75
Assemblee di Dio seit 1979
Bahaitum seit 1954
Te koaua
Islam seit 1989
Andere
Anzahl der Gläubigen in Kiribati gemäß Zählung des National Statistics Office von 2010
Laut Angaben der verschiedenen Kirchen von 2015

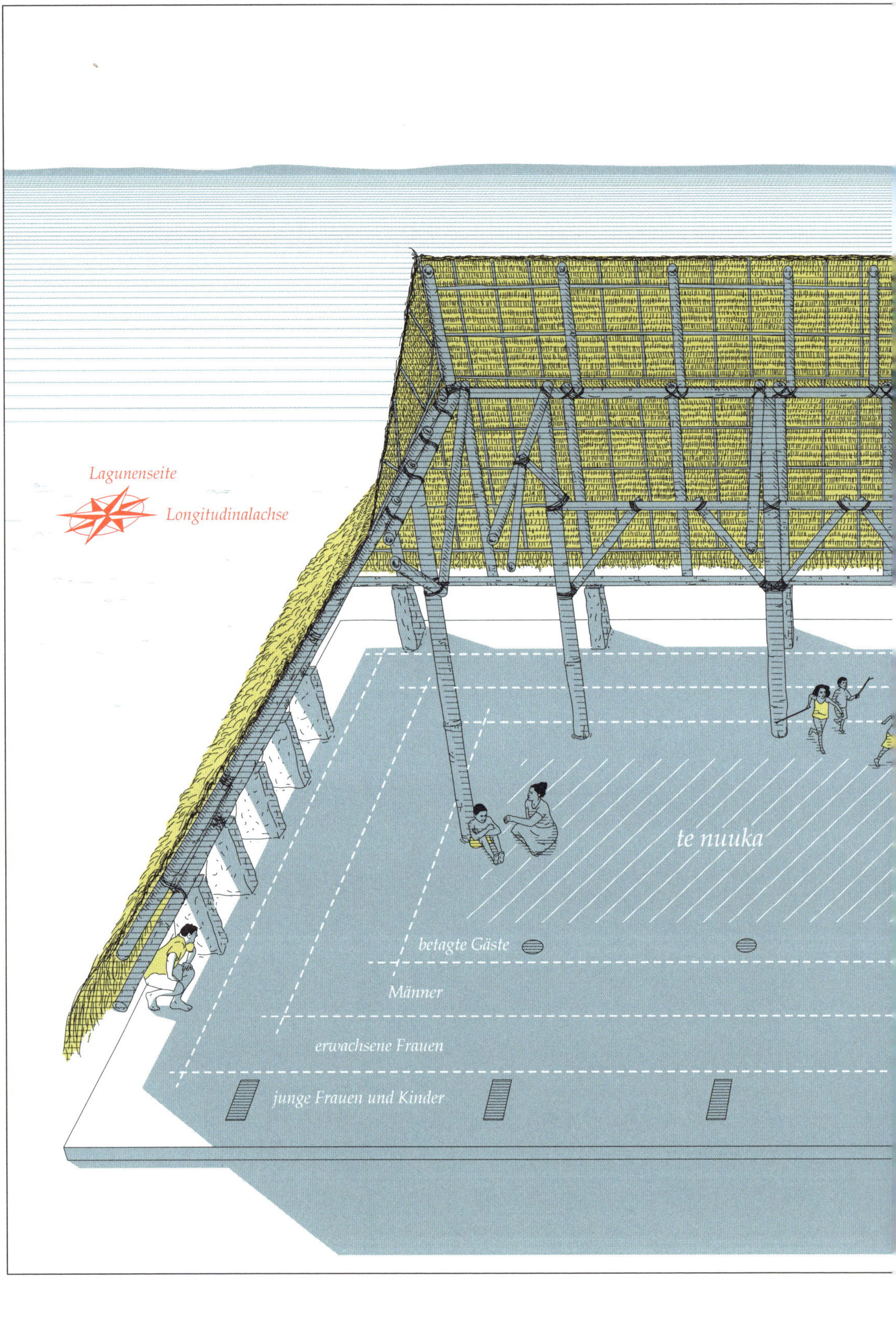
Lagunenseite
Longitudinalachse
te nuuka
betagte Gäste
Männer
erwachsene Frauen
junge Frauen und Kinder

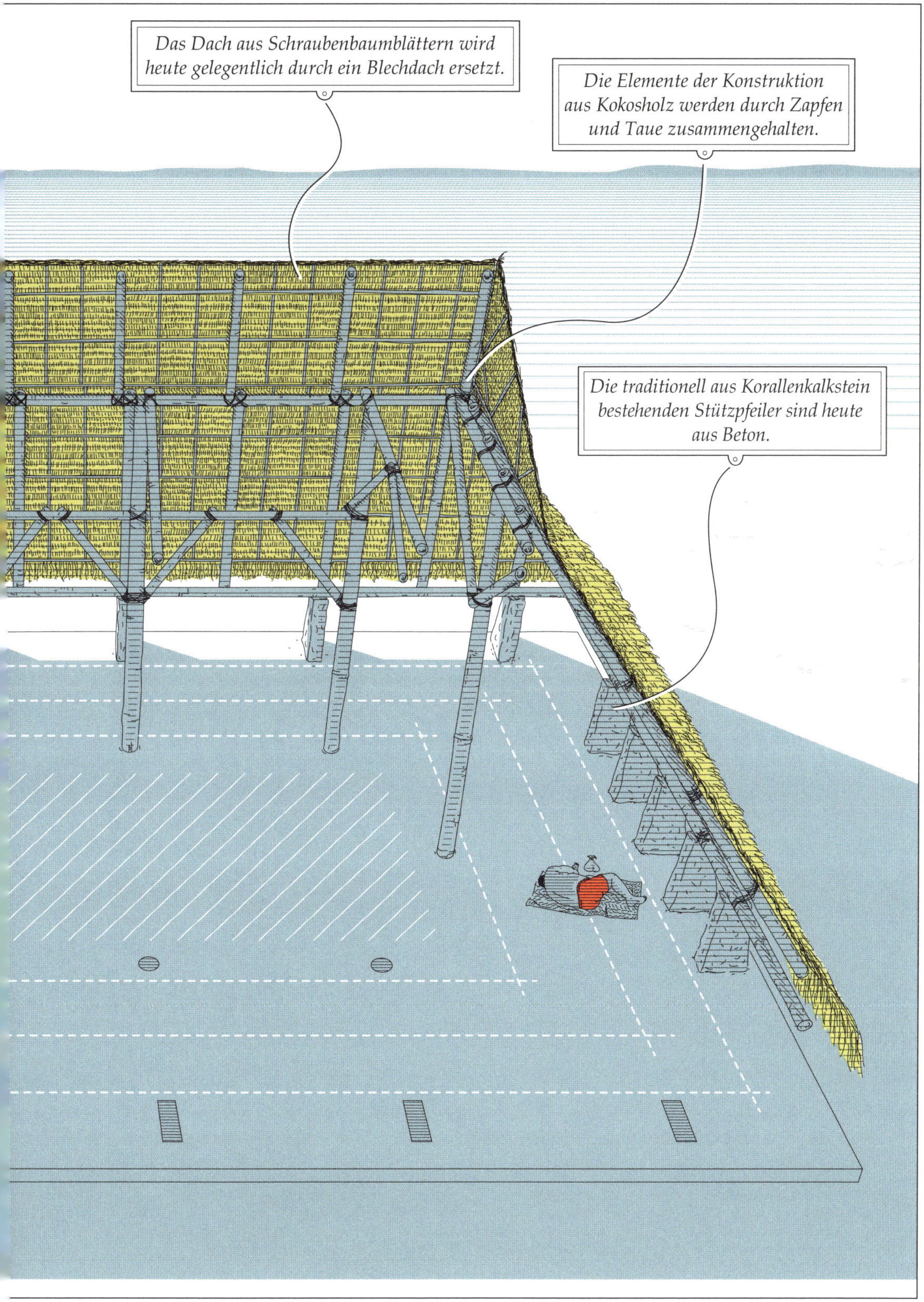
Das Dach aus Schraubenbaumblättern wird heute gelegentlich durch ein Blechdach ersetzt.
Die Elemente der Konstruktion aus Kokosholz werden durch Zapfen und Taue zusammengehalten.
Die traditionell aus Korallenkalkstein bestehenden Stützpfeiler sind heute aus Beton.

Niemandes Land

Süd-Tarawa, 21. September, 15.20 Uhr

Eine alte Nonne, die vor 50 Jahren aus Australien nach Kiribati gekommen ist, macht mit uns einen Rundgang durch die Besitzungen der katholischen Kirche. Mit entschlossener Miene schreitet sie auf den staubigen Wegen voran. Wir betreten ein Gebäude, in dem ausschließlich Frauen arbeiten. Dort sitzen etwa 30 Näherinnen an handbetriebenen Nähmaschinen und gehen mechanisch ihrer Tätigkeit nach. Akustisch untermalt wird die Szene von einem stetigen Gemurmel, das hin und wieder von Gelächter unterbrochen wird. Im Nebenraum flicht eine Gruppe junger Frauen Blumenkränze für eine Feierlichkeit.
Die Nonne lässt uns nicht die Zeit für einen genaueren Überblick und setzt ihren Rundgang fort. Sie zeigt uns, wo sich die Klassenzimmer befinden, und deutet auf ein rußgeschwärztes Gebäude in der Ferne, das vor sechs Monaten durch einen Brand zerstört wurde, den ein Kurzschluss ausgelöst hatte. Auf den Computerraum, der sich dort befand, würden die Mädchen nun erst einmal verzichten müssen. Am Ende dieses kurzen Rundgangs steht ein Besuch bei einer Nonne, die Italienisch spricht und die wir unbedingt kennenlernen möchten. Es gibt unter den einheimischen Ordensschwestern nicht viele, die für ihre Ausbildung so weit gereist sind. Wir durchqueren ein Gebiet, das von *I-Kiribati,* wie sich die Einheimischen nennen, bewohnt wird. Wenn sie hier wegmüssen, erklärt die Nonne, fällt das Land an die Kirche.
Mit einem Mal verändert sich die Landschaft von Grund auf.
Es ist das erste Mal, dass wir auf der Insel einen mit so viel Sorgfalt gepflegten Blumengarten sehen – wir befinden uns in einer Gegend, in der ausschließlich Ordensschwestern leben. Die alte Nonne, die einen hellblauen Habit trägt, stellt uns ihrer in einem dunkleren Blau gekleideten Schwester vor und verabschiedet sich. »Buongiorno!«, sagt diese lachend. Nach so vielen Jahren kann sie endlich die Überbleibsel der Italienischkenntnisse hervorkramen, die sie sich in Rom angeeignet hat, als sie in den 1980er-Jahren als

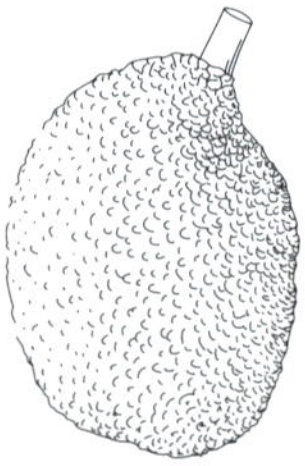

Der Brotfruchtbaum (te mai) *oder Artocarpus ist ein Baum aus der Familie der Maulbeergewächse. Die Früchte werden gekocht und danach zumeist in Scheiben geschnitten und frittiert. Diese lokale Variante der Pommes frites ist so knusprig und so lecker, dass man gar nicht genug davon bekommen kann.*

Novizin im Vatikan war. Sie vermisst Italien. Sie lacht erneut. Ihre Fröhlichkeit ist ansteckend, und doch verbirgt sich hinter diesem strahlenden Gesicht das Leid einer Frau, die kein leichtes Leben hatte. Sie bietet uns einen Platz im Schatten eines **Brotfruchtbaums** an, wo sie sonst zu beten pflegt. Wir stoßen einen Seufzer der Erleichterung aus, als ein äußerst angenehmes Lüftchen durch die Schwüle des drückend heißen Tages weht. Die Nonne erzählt uns, dass sie seit einigen Jahren Tag und Nacht ihren kranken, halb gelähmten Vater pflegt. Als sie Nonne wurde, hatte sie ihren Eltern das Versprechen gegeben, dass sie nicht, wie diese fürchteten, »aus der Welt sei«, und hatte ihnen versichert, sie werde für sie da sein, wenn sie ihre Hilfe bräuchten. Und so wurde sie nach dem frühen Tod ihres Bruders von ihren Ordensschwestern ihrer täglichen Pflichten entbunden. Man überließ ihr dieses Haus, in dem sie im Jahr 2000 ihre Eltern – gegen deren Willen – aufnahm. Nach **Abemama** zurückzukehren sei zu beschwerlich für sie, erklärt sie, ihr Vater sei zu krank, um eine neuerliche Reise auf sich zu nehmen, und er habe, abgesehen von einigen Cousins, dort jetzt auch niemanden mehr.

Und das Land? Das Land ... Sie lacht erneut. »Jeder kämpft für und um ein Stück Land«, sagt sie, »und ich habe mein Land aufgegeben. Es wird jetzt von meinen Verwandten ausgebeutet, ohne dass sie je um Erlaubnis gefragt oder sich bedankt hätten. Ohne dass sie meinem Vater je seine Ernte geschickt hätten, damit er davon kosten kann.« Die Ordensschwestern, ihre eigentliche Familie, führen gelegentlich nach Abemama. Dann bitte sie sie, die Kokosnüsse für die **Kopra** zu ernten. Doch häufig kämen sie zu spät.

Nach dem Tod des Vaters werde das Land an die nächsten Verwandten fallen, denn als kinderlose Ordensfrau habe sie kein Anrecht darauf. Das ist eine der Schattenseiten dieses Berufswegs. Und diesmal lacht sie nicht.

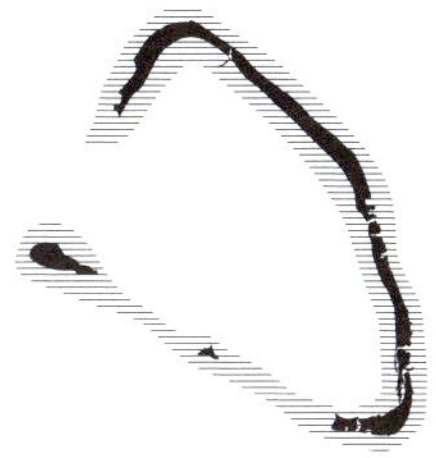

0°23'15" N; 173°46'42" O
Abemama ist die zweite Insel südlich der Hauptstadt. Sie hat eine Fläche von 16 km² und wird wegen der weitverbreiteten und von den Bewohnern akzeptierten Freizügigkeit, die jedoch häufig in Gewalt und Leichtsinn ausartet, auch »Sex-Insel« genannt.

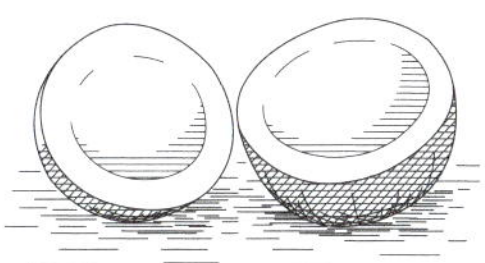

Kopra ist das getrocknete Fruchtfleisch der Kokosnuss, aus dem man Fette und Öle gewinnt.

DIE ERBFOLGE

Tafel V

DER GRUNDBESITZ

Eine Panne mit angenehmen Folgen

Butaritari, 24. September, 11.00 Uhr

Der Schraubenbaum (te kaina) *wird traditionell für verschiedenste Zwecke genutzt. Die Früchte werden gegessen, die Blätter geflochten, und aus den Wurzeln stellt man Werkzeuge her.*

Moimoto, *der Saft noch unreifer Kokosnüsse, wird Gästen zur Begrüßung gereicht. Das süßliche, erfrischende und nährstoffreiche Getränk wird durch ein kleines Loch, das man in die Schale bohrt, direkt aus der Nuss getrunken.*

Nachdem wir etwa drei Kilometer zurückgelegt haben, hat eines der beiden geliehenen Fahrräder einen Platten. Wir befinden uns mitten in der Pampa, um uns herum nichts als riesige Kokospalmen und Bananenstauden. Ein etwa zwölfjähriges Mädchen überholt uns auf einem Fahrrad, das größer ist als sie selbst. Sein Anhänger ist bis oben hin mit **Schraubenbaum**blättern gefüllt. *Mauri* – hallo –, ruft sie uns zu und ist schon wieder verschwunden. Wahrscheinlich wird sie zu Hause mit der neuen Ladung dieser »Ziegel« erwartet, weil man das Dach ausbessern muss, das durch die ständigen heftigen Platzregen gelitten hat. Wir setzen unseren Weg zu Fuß fort und stoßen schließlich auf eine Ansammlung kleiner Holzhütten. Neben einer dieser Hütten steht der Anhänger von vorhin. Das Mädchen kommt auf uns zu und stellt uns stolz seiner Familie vor, als würden wir uns schon lange kennen.
Mit Gesten erklären wir, dass wir den Fahrradreifen aufpumpen müssen, woraufhin sich gleich vier junge Männer in Bewegung setzen. Man bietet uns einen Platz im Schatten an und schafft eigens einen Stuhl ohne Beine herbei, damit wir so sitzen können, wie wir es gewohnt sind. Während sich drei der jungen Männer über das Fahrrad beugen, bringt uns der vierte **moimoto** – ein Labsal an tropisch heißen Tagen wie diesem.
Wir trinken und lassen dabei unsere Blicke schweifen: Rund um den Hof, in dessen Mitte ein Brunnen mit einem Eimer (eine umfunktionierte Boje) steht, verteilen sich sieben unterschiedlich große und hohe Hütten aus Kokospalmenholz. Bis auf die kleinste (ein Vorratsraum) und eine weitere, halb geschlossene, haben die Hütten keine Wände. Ich beobachte ein Huhn, das, von einer schwarzen Katze verfolgt, im Gras herumläuft, bis sie aus meinem Blickfeld verschwinden. Plötzlich holt mich der Ruf des Mädchens, dass der Reifen repariert sei, wieder in die Realität zurück.
Wir können weiterfahren! *Ko rabwa* – danke – und noch einen schönen Tag!

1. *Bwuia*, Schlafen und Freizeit – 2. *Umwa*, Küche – 3. *Bata*, Vorratsraum – 4. *Kia-kia*, Schlafraum
5. Brunnen – 6. Wohnraum – 7. Zisterne – 8. Familiengrab – 9. Verkaufsraum

Das Wunscharmband

Bikati, 25. September, 9.40 Uhr

*3°10'04" N; 172°49'33" O
Etwa 200 km von der Hauptstadt entfernt befindet sich das Atoll Butaritari, und an dessen äußerstem Zipfel liegt Bikati, ein winziges Stück Land, auf dem Japaner und Amerikaner gegeneinander gekämpft haben.*

Wir sind auf dem Weg nach **Bikati**, um eine Frau abzuholen, die dort ihre Verwandten besucht. Ihr Mann möchte, dass sie nach Hause kommt, und da es hier keine Telefone gibt, hat er uns gebeten, sie zu benachrichtigen.
Mitten auf dem Meer macht der Fahrer unseres Motorboots halt, um ein Schwätzchen zu halten.
Er hält neben drei bunt gestrichenen Booten an und beginnt ein Gespräch in der lokalen Sprache. Tiefdunkle Haut, nackte Oberkörper, große, rissige Hände, ein Taschentuch auf dem Kopf. Es sind sechs Fischer unbestimmten Alters. Sie arbeiten ohne Pause, mit schnellen, fast automatischen Bewegungen. Sie holen einen Stein aus einem grünen Netz, binden einen kleinen Fisch daran und werfen ihn ins Meer. Und schon nach wenigen Sekunden hat ein Fisch angebissen. Sie nehmen einen weiteren Stein, ein anderes Fischchen, eine andere Schnur, und so geht es immerfort weiter. Nach ein paar Minuten heben sie Dutzende, zumeist große, gefleckte Fische ins Boot. Ob sie sie weiterverkaufen? Oder sind sie nur für den Eigenbedarf bestimmt?
Fisch ist zwar der Hauptbestandteil jeder Mahlzeit, doch das sind entschieden zu viele für ein Abendessen.
Am Handgelenk eines der Fischer fällt mir ein merkwürdiges Armband auf, und ich frage unseren Begleiter, was es damit auf sich hat.
Er erklärt mir, dass es sich um ein Wunscharmband handelt. Die Schwester des Mannes habe vor Kurzem ein Kind bekommen, und nun bete die Familie jeden Tag darum, dass der Neugeborene einmal ein ebenso guter Fischer wird wie sein Onkel. Und damit dieser Wunsch in Erfüllung geht, hat man die Nabelschnur des Kindes um sein Handgelenk gebunden.
So will es der Brauch, und es soll wirklich funktionieren.

1. Fischfalle *(te ma)* – 2. Stellnetz – 3. Fischfang von Hand
4. Wurfnetz – 5. Unterwasserfischfang – 6. Fischfang mit Angelschnur

Das Kleid mit dem Früchtecocktail

Süd-Tarawa, 27. September, 13.30 Uhr

Gerade sind wir von einer Art Schatzsuche zurückgekehrt, die den ganzen Vormittag gedauert hat. Was das für ein Schatz war? Frisches Gemüse. Nichts Besonderes, uns wäre jedes Gemüse recht gewesen. Nachdem wir tagelang Reis und Thunfisch gegessen hatten, begann sich der Vitaminmangel bemerkbar zu machen. Eigentlich hatten wir gedacht, der Einkauf sei schnell erledigt, es wurde dann aber eine ziemlich anstrengende Suche daraus. Zuerst versuchten wir unser Glück an einem Abschnitt der einzigen Straße, die die Insel durchquert. Denn dort sind von Montag bis Samstag ein Dutzend Verkaufsstände aufgebaut. Jeder dieser Stände hat eine maximal eineinhalb Meter lange Theke. Frauen jeden Alters und mit den unterschiedlichsten Biografien verbringen dort ihre Tage. Dabei wechseln sich Phasen lebhafter Gespräche mit langen Phasen des Schweigens ab, in denen sie nichts anderes tun, als das Hin und Her der Fahrzeuge zu beobachten, die im Slalom den Schlaglöchern ausweichen. Bis auf eine Frau, die, unterstützt von einem kleinen Jungen, frisch gegrillten Fisch verkaufte, boten alle anderen das Gleiche an: Kokosnüsse, Schraubenbaum- und Brotfrüchte, Bonbons und kleine, in Plastikbeutel verpackte Tomaten, die sehr teuer waren.

Wir fragten an jedem Stand, ob man uns sagen könnte, wo es eine größere Auswahl an frischem Gemüse gäbe, bekamen aber immer nur vage Auskünfte. Nachdem man uns von einem Stand zum anderen geschickt hatte, machten wir im Laden einer Art Raststätte, die von einem chinesischen Ehepaar geführt wurde, einen letzten Versuch. Auf unsere Frage gab uns der junge Mann ein Zeichen, ihm zu folgen, und seine entschlossene Miene machte uns Hoffnung. Wir gingen durch die Regalreihen des Geschäfts, das sich als weit größer erwies, als man ihm von außen ansah, bis der Mann schließlich vor einer großen Gefriertruhe haltmachte. Stolz nahm er einen Beutel mit Erbsen und fein gewürfelten Möhren heraus, wie man sie für eine Minestrone verwendet: »Hier ist das

frische Gemüse!« Wenn ich an die Szene zurückdenke und an seinen enttäuschten Blick, als wir ihm erklärten, dass wir etwas ganz anderes suchten, muss ich lächeln.
Ich bemerkte, dass mich aus der Ferne ein kleiner Junge beobachtete, der mich offensichtlich etwas fragen wollte, sich aber nicht traute, näher zu kommen.
Ob vielleicht mit meiner Kleidung etwas nicht stimmte? Ich trug ein Sommerkleidchen und darunter Leggins, denn ich wusste, dass man hier selbst bei der größten Hitze – vor allem, wenn man im Meer badet – kein nacktes Bein zeigt. Deshalb bemühte ich mich stets, die lokalen Bekleidungsvorschriften zu respektieren. Das konnte also nicht der Grund sein. Schließlich kam der Junge dann doch näher. Er war etwa sieben Jahre alt und ich hatte ihn schon oft gesehen, denn er wohnte im Nachbarhaus. Bis jetzt hatte er allerdings noch nie länger als drei Sekunden mit mir gesprochen.
Er deutet mit dem Finger auf mein Kleid und fragt schüchtern in gebrochenem Englisch: »Was ist das? Sind das Früchte? Was sind das für Früchte?«
Ich sehe mir das Muster des Stoffs an: Es ist eine bunte Mischung aller nur denkbaren Früchte: Ananas, Melonen, Wassermelonen, Kiwis, Himbeeren, Orangen, Feigen, Erdbeeren, Kirschen, Bananen, Litschis … Und mir wird bewusst, dass dies, abgesehen von den Bananen, für ihn alles Früchte sind, deren Form und Geschmack ihm völlig unbekannt sind. Er fragt mich nach dem Namen jeder Frucht und bittet mich, ihm den Geschmack und die Konsistenz zu beschreiben.
Keine leichte Aufgabe, kann ich zum Vergleich doch lediglich die Kokosnuss, die Brotbaumfrucht, die Papaya und die Banane heranziehen.
Ich suche mir einen Platz im Schatten einer Pflanze, denn das wird vermutlich länger dauern.

Gemüse, das in Kiribati nicht erhältlich ist: 1. Blumenkohl – 2. Tomate – 4. Spargel – 5. Pilz – 6. Kopfsalat – 7. Radieschen – 8. Brokkoli – 9. Zucchini – 10. Knoblauch – 12. Zwiebel – 13. Möhre – 16. Kartoffel – 17. Artischocke

Gemüse, das in Kiribati erhältlich ist: 3. Kirschtomaten – 11. Paprikaschote – 14. Aubergine – 15. Kürbis

FRÜCHTE, DIE IN KIRIBATI NICHT ERHÄLTLICH SIND: 1. Melone – 2. Apfel – 3. Feige – 4. Ananas – 5. Brombeere – 6. Orange – 7. Heidelbeere – 8. Kiwi – 11. Kirsche – 12. Banane – 13. Aprikose – 14. Erdbeere – 16. Walnuss – 19. Pfirsich – 20. Avocado – 21. Birne – 22. Traube – 24. Granatapfel – 25. Kaki
FRÜCHTE, DIE IN KIRIBATI ERHÄLTLICH SIND: 9. Kochbanane – 10. Brotbaumfrucht – 15. Limette – 17. Schraubenbaumfrucht – 18. Kokosnuss – 23. Papaya

Die treue Braut

Süd-Tarawa, 29. September, 11.45 Uhr

Zwei Silhouetten am Horizont heben sich gegen das intensive Blau der Lagune ab. Sie schlendern über das Watt, es ist gerade Ebbe. Allem Anschein nach ist es ein Brautpaar bei einem Liebesspaziergang, denn er trägt einen schwarzen Anzug und sie einen langen weißen Schleier. Ich lasse den Blick schweifen und sehe in der Ferne ein weiteres Brautpaar und dann noch eines.
Es sind die Fischer von Kiribati mit ihren Fischernetzen, die sie wie treue Bräute begleiten. Sie bewegen sich ganz langsam in der glühend heißen Mittagssonne.
Nächste Woche wird es besser laufen, dann setzt die Ebbe bereits um neun Uhr morgens ein, und es ist noch etwas kühler und erträglicher.

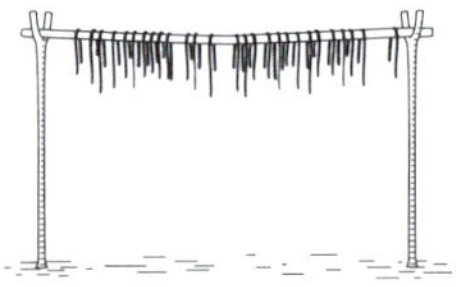

Te Ibo – *Sipunculus indicus – ist eine im Schlicksand der Warmwasserzonen des Indopazifiks lebende Wirbellosenart. Die getrockneten Würmer gelten als Delikatesse der heimischen Küche.*

Matang ist eine von guten Geistern bewohnte mythologische Insel. Wie diese Geister, die eine wächserne Haut besitzen, müssen auch die ersten Europäer, die hier gelandet sind, auf die Einheimischen gewirkt haben. Sie nannten sie deshalb »Bewohner von Matang« (I-Matang).

Ich beginne zu rechnen. Wie viele Fische muss ein Fischer fangen, damit er zufrieden sein kann? Auf fast jeden von ihn warten zu Hause etwa 15 Personen: Kinder, Schwestern, Mütter, Cousinen. Einige können vermutlich auch auf die Hilfe der Ehefrau zählen, die an guten Tagen vielleicht einen Eimer mit **ibo** füllt, Würmern, auf die alle ganz versessen sind und die sich im Flachbereich des Meeres im Sand verbergen. Sie werden gesammelt und in der Sonne getrocknet, bis sie die richtige Elastizität haben und **I-Matang**, wie wir es sind, sie für Kaubonbons halten können.
Ich fange erneut an zu rechnen. Es erscheint mir unwahrscheinlich, dass auch nur einer dieser Männer dort unten ein Familienoberhaupt ist. Tatsächlich werden die besten Fischer von ausländischen Fischkuttern für die Fischerei vor der Küste angeheuert, bei der sie am Tag mehrere 100 Kilogramm Thunfisch fangen.
Ich habe den Faden beim Rechnen verloren.
An Fisch mangelt es hier also nicht, und angesichts der gut genährten Bevölkerung erscheint es eher unwahrscheinlich, dass jemand nichts zu essen hat. Das Meer, das diese Atolle umgibt, ist reich und großzügig.

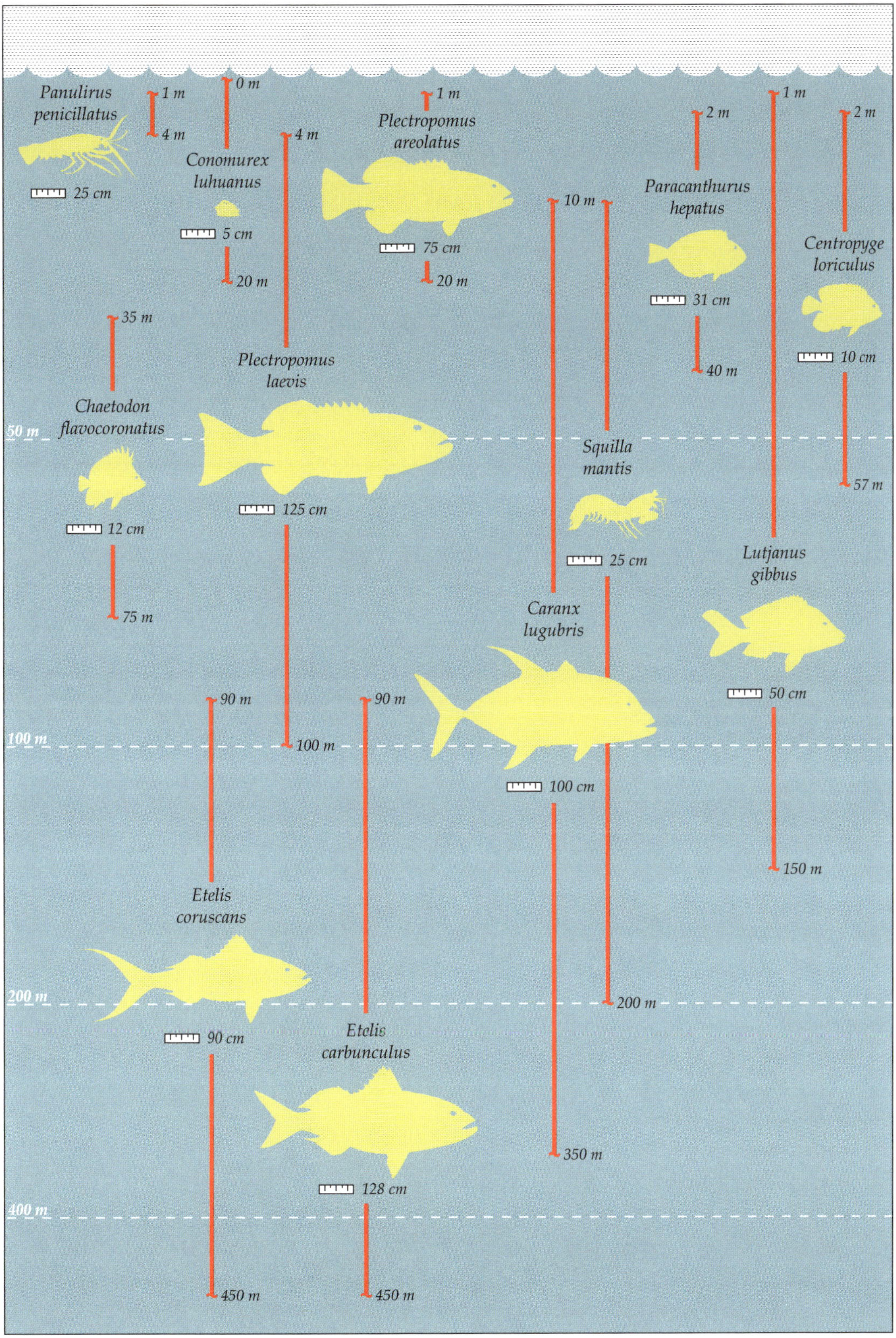
Panulirus penicillatus
1 m
4 m
25 cm
0 m
Conomurex luhuanus
5 cm
20 m
4 m
1 m
Plectropomus areolatus
75 cm
20 m
10 m
2 m
Paracanthurus hepatus
31 cm
40 m
1 m
2 m
Centropyge loriculus
10 cm
57 m
35 m
Chaetodon flavocoronatus
12 cm
75 m
Plectropomus laevis
125 cm
100 m
50 m
Squilla mantis
25 cm
200 m
Lutjanus gibbus
50 cm
150 m
Caranx lugubris
100 cm
350 m
90 m
100 m
Etelis coruscans
90 cm
450 m
200 m
90 m
Etelis carbunculus
128 cm
450 m
400 m

Chaetodon flavocoronatus
Paracanthurus hepatus
Plectropomus laevis
Caranx lugubris
Lutjanus gibbu
Conomurex luhu
Panulirus penicillatus

Bolbometopon muricatum
Epinephelus polyphekadion
Centropyge loriculus
Etelis coruscans
Plectropomus areolatus
Resolution
Squilla mantis
othuria atra

Verzaubert von ihrem Gesang

Bikati, 2. Oktober, 16.00 Uhr

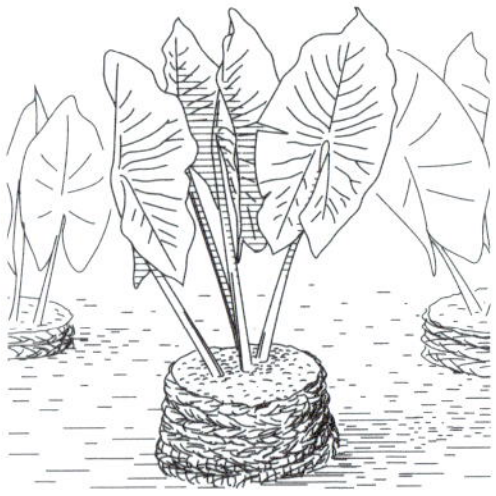

Te bwabwai – *Cyrtosperma chamissonis –, bei uns unter dem Namen Taro bekannt, ist eine Pflanze aus der Familie der Aronstabgewächse, aus deren Rhizomen man Mehl und Speisestärke gewinnt.*

Botaki *ist ein Fest, das zu besonderen Gelegenheiten (dem ersten Geburtstag, der Taufe, der ersten Menstruation etc.) gefeiert und bei dem ein großes Festmahl veranstaltet wird. Es kann auch im kleineren Kreis mit wenigen Familien begangen werden.*

Mit energischen Schritten bahnt er sich seinen Weg zwischen Palmen, Zuckerrohrplantagen und **bwabwai**-Pflanzungen und wir immer hinterdrein. Bald werde er uns am Sandstrand im Norden der Insel die Relikte des Zweiten Weltkriegs zeigen, sagt er. Doch noch bevor wir unser Ziel erreichen, erregen andere Relikte unsere Aufmerksamkeit. Es sind die Wirbelknochen eines Wals. Er erklärt uns, dass man früher Jagd auf sie machte und dass dies auch heute bisweilen noch geschehe. Es gebe Menschen, zu denen auch seine Großmutter zählte, die in der Lage seien, die Tiere an den Strand zu locken. Zuletzt habe er dies vor 20 Jahren miterlebt. Seine Großmutter besaß diese Fähigkeit, eine Gabe, die sich innerhalb ein und derselben Familie in direkter Linie von Generation zu Generation vererbt. Sie fiel in Trance, in eine Art Tiefschlaf, der drei Tage andauerte. In dieser Zeit flog ihr Geist weit aufs offene Meer hinaus und kehrte danach mit einem Wal zurück, den sie mit ihrem Gesang verzaubert hatte. Das geschah vor allem bei besonderen Gelegenheiten, etwa wenn man eine *maneaba* fertiggestellt oder das Dach erneuert hatte.

Hatte man den Wal an die Küste gelockt, wurde er getötet und diente als wichtigste Zutat für das **botaki**-Festmahl, ein Ereignis, an dem die gesamte Gemeinde teilnahm. Damit es gelang, den Wal anzulocken, mussten die Gemeindemitglieder bestimmte Regeln beachten: In den drei Tagen durfte kein Feuer entzündet werden, und Frauen mussten sich während der Menstruation vom Strand fernhalten.

Als er mit seinem Bericht geendet hat, fragen wir ihn fasziniert, ob er uns sagen könne, wer heute die Person ist, die in der Lage sei, Wale anzulocken. Er antwortet mit einem schallenden Lachen und setzt seinen Weg fort.

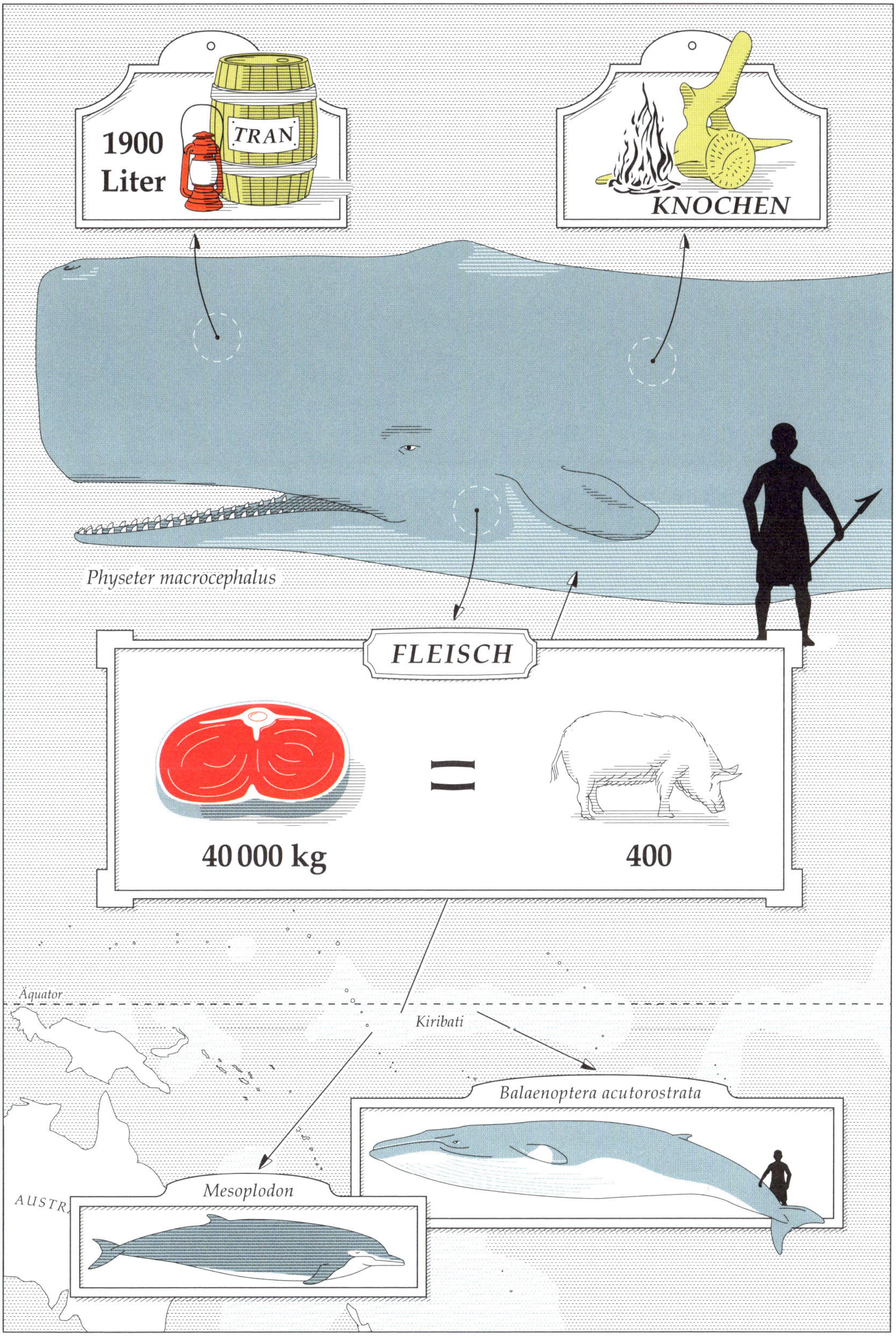
1900
Liter
TRAN
KNOCHEN
Physeter macrocephalus
FLEISCH
40 000 kg
=
400
Äquator
Kiribati
Balaenoptera acutorostrata
Mesoplodon
AUSTR

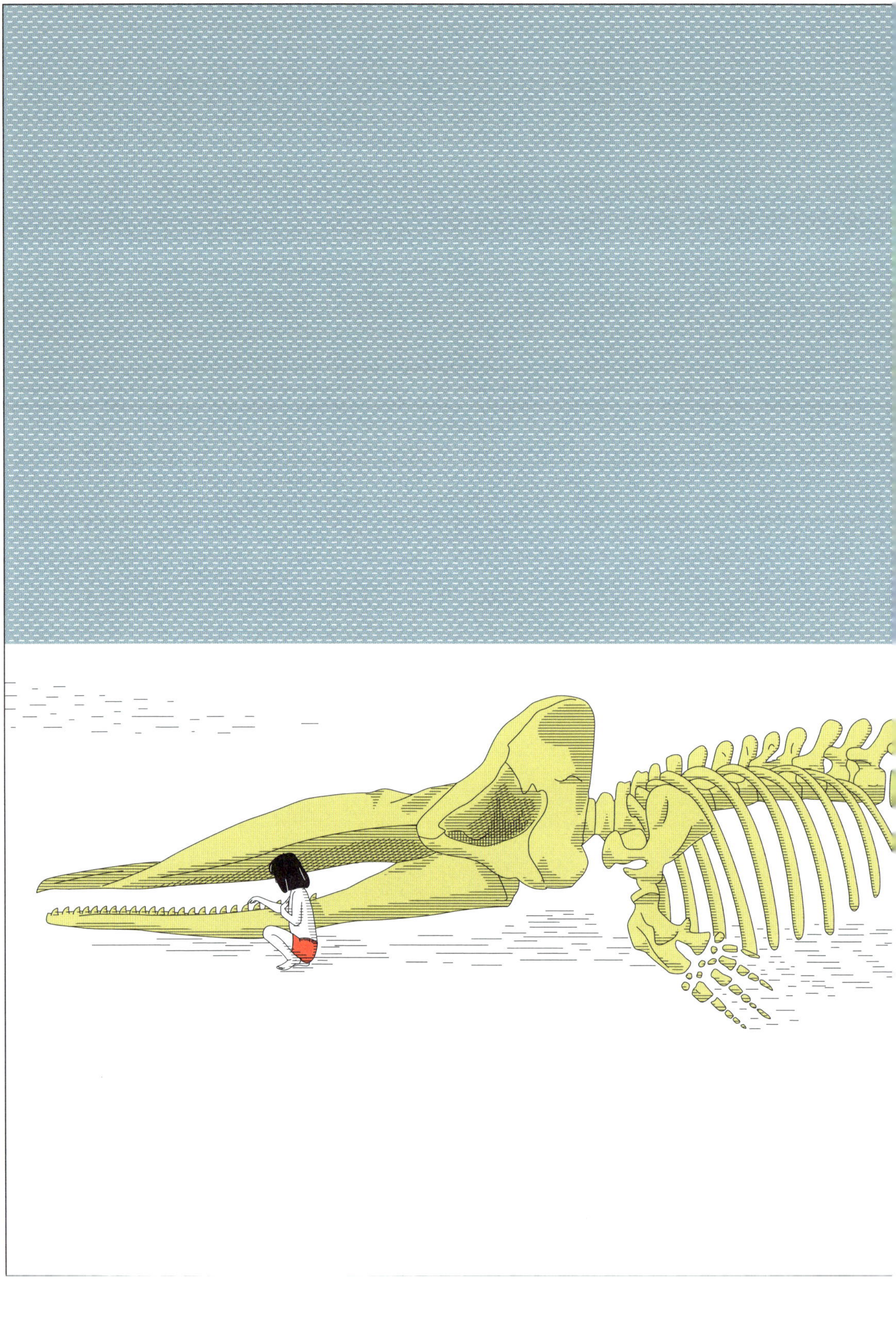

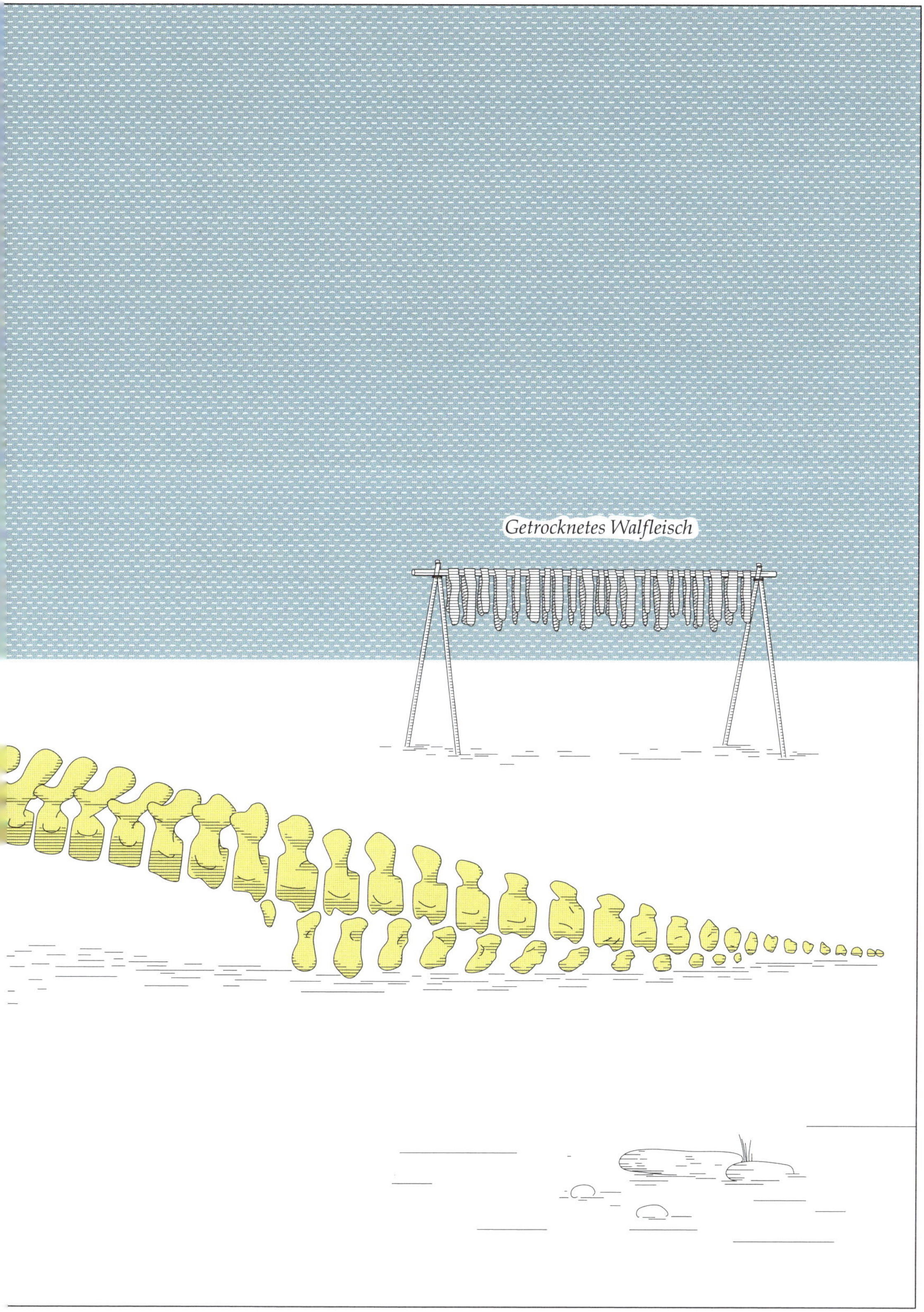
Getrocknetes Walfleisch

Ein Festmahl für einen Engel

Bikati, 3. Oktober, 13.00 Uhr

3°20'00" N; 172°59'00" O
Auf Makin, dem kleinsten und am weitesten nördlich gelegenen Atoll der Gilbert-Inseln, leben etwa 1800 Menschen. Der Legende nach kann man hier auf der Straße die Geister der Menschen erblicken, die gerade auf den anderen 32 Inseln im Sterben liegen.

Applaus. Und dann ist die Reihe an uns. Wir erheben uns und stellen uns vor, sagen, woher wir kommen, wie wir heißen, welchen Beruf unsere Eltern ausüben und weshalb wir hier sind. Wir bedanken uns für die Gastfreundschaft und wünschen allen kranken Kindern der Insel gute Besserung. Neuerlicher Beifall.
Nachdem wir wieder Platz genommen haben, steht die Frau zu meiner Rechten auf. Ihr zu Ehren wird dieses Festmahl veranstaltet. Sie ist mit ihrer gesamten Familie aus **Makin** gekommen, um die Kinder zu pflegen, die zu Dutzenden an einer viralen Magen-Darm-Grippe erkrankt waren. Die Inselbewohner wussten sich nicht zu helfen, und so wurde sie zum rettenden Engel. Wir sind im Haus des Mannes zu Gast, der den Inselladen führt. Auf ein paar Quadratmetern findet man dort Reis, Zucker, süße Snacks, Bonbons, Dosenfleisch und alles, was man sonst zum Leben braucht. Dies alles wird einmal im Monat aus Tarawa geliefert. Neben dem Laden, abgedeckt mit Blech und Stroh, ein Berg Kokosnüsse, die ohne erkennbare Logik aufeinandergestapelt wurden. Dies sei sein Geldschrank, wird er uns später erklären, denn nicht alle können ihre Vorräte mit Geld bezahlen. Deshalb bringen sie ihm als Tauschware Kokosnüsse.
Nachdem sich jeder vorgestellt hat, ergreift der Hausherr das Wort. Vielleicht spricht er ein Gebet. Die Gäste antworten mit einem dreimaligen In-die-Hände-Klatschen.
Der *botaki* kann beginnen. Alle wenden sich uns Ehrengästen zu: Wir müssen uns zuerst bedienen. Auf allen vieren – so die örtlichen Tischregeln – kriechen wir zu den in der Mitte des Raumes in zwei Reihen aufgestellten farbigen Plastikbehältern. Die reiche Auswahl an Speisen darin reicht von Reis über Räucheraal und *bwabwai* bis zu Schraubenbaumfrüchten. Die etwa 20 Festteilnehmer – bis auf die Ehrengäste alles erwachsene Männer – sehen uns in banger Erwartung an. Erst als wir ihnen unseren Beifall signalisieren, entspannen sich ihre Mienen.

Typisches Menü: 1. Palmwein – 2. Frittierter Fisch – 3. Frittierte Brotbaumfrucht – 4. Roher Fisch mit Kokoscreme – 5. Geschmortes Hähnchen – 6. Gekochte Schraubenbaumfrucht – 7. Gekochter Taro – 8. Tee mit Milchpulver – 9. Gekochter Reis – 10. Kürbisauflauf

Unglück, dein Name ist Frau

Butaritari, 7. Oktober, 15.30 Uhr

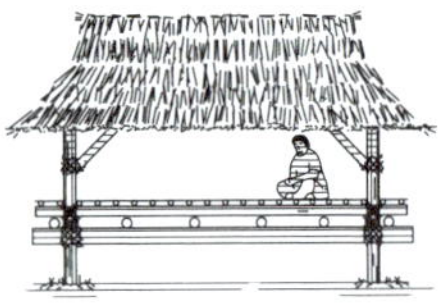

Die bwuia *ist größer als die* kia-kia, *aber sehr viel kleiner als eine* maneaba. *Man nimmt dort die Mahlzeiten ein, vertreibt sich die Zeit und empfängt Gäste.*

Nareau *gilt als Schöpfer der Erde, der Sonne, des Mondes und der Sterne. Auf ihn folgte ein Zeitalter der Geister* (anti), *zu denen auch* Kaobunang *zählt.*

Die baangota *ist ein etwa 1 m² großes, von Felsen umgrenztes Stück Land, wo man den Geist der Inselgottheit verehrt. Es ist Brauch, die* baangota *aufzusuchen, wenn man ein Atoll zum ersten Mal betritt, und zum Zeichen der Verehrung eine Gabe zu hinterlassen.*

Wir machen einen Besuch bei ihrer Familie, die hier in Butaritari lebt. Wie bei unseren früheren Besuchen folgt das Begrüßungsritual einem präzisen Drehbuch: Man fordert uns auf, in der **bwuia** auf aus Schraubenbaumblättern geflochtenen Matten Platz zu nehmen, bietet uns *moimoto,* den Saft unreifer Kokosnüsse, an und fragt uns, freundlich und wohlgefällig lächelnd, nach Herkunft und Religion. Flüsternd frage ich sie nach einem abgeschiedenen Plätzchen, an dem ich mich umziehen könnte. »Du musst wissen«, erkläre ich ihr, auf weibliches Mitgefühl hoffend, »ich bin in den gewissen Tagen des Monats ...« Sie sieht mich besorgt an und fordert mich auf, ihr zu folgen. Da es keine Badezimmer gibt, kann man nur an den Strand oder in den Wald gehen. Sie erklärt mir, dass man die verschmutzten Abfälle verbrennen müsse, sobald die Prozedur erledigt sei, und dass sie sich selbst darum kümmern werde. Während ich mich unter ihrem wachsamen Blick frisch mache, verliere ich mich für eine Sekunde in der Betrachtung des Meeres. Ein Augenblick der Unaufmerksamkeit und die beschmutzte Binde ist verschwunden. Vielleicht hat sie eine Krabbe oder ein Einsiedlerkrebs fortgetragen, sage ich zu ihr. Die anfängliche Besorgnis in ihrem Gesicht schlägt jetzt in Angst um. Wir kehren zu den anderen zurück. Obwohl sie schnell sprechen, kann ich an ihren Gesten und Blicken erkennen, dass die Sache bereits die Runde macht und sich sogar unter den männlichen Familienmitgliedern wie ein Lauffeuer verbreitet.

Nach einer letzten Beratung teilt man mir das Urteil mit: Ein Boot wird uns abholen und wir werden dem **Kaobunang**, dem Schutzgeist vieler Inseln von Kiribati, der das Aussehen eines Neugeborenen hat, die unerfreuliche Angelegenheit beichten. Wenn wir ihm als Geschenk eine Stange Tabak in seinem **baangota** hinterlassen, wird der Geist dafür sorgen, dass die Harmonie wiederhergestellt wird und uns so etwas nicht mehr passiert.

Willkommen in Butaritari.

Makin und Butaritari

3°10'04"N; 172°49'33"O

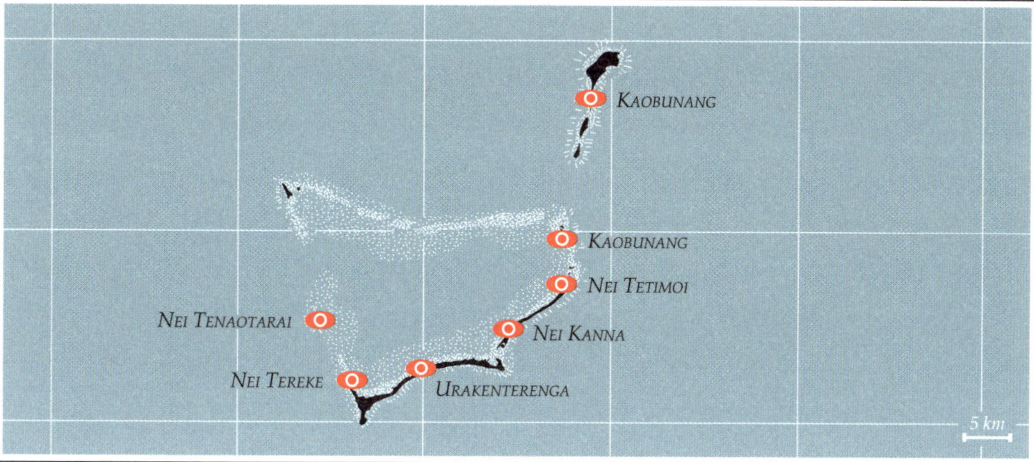

Marakei

2°00'00"N; 173°16'00"O

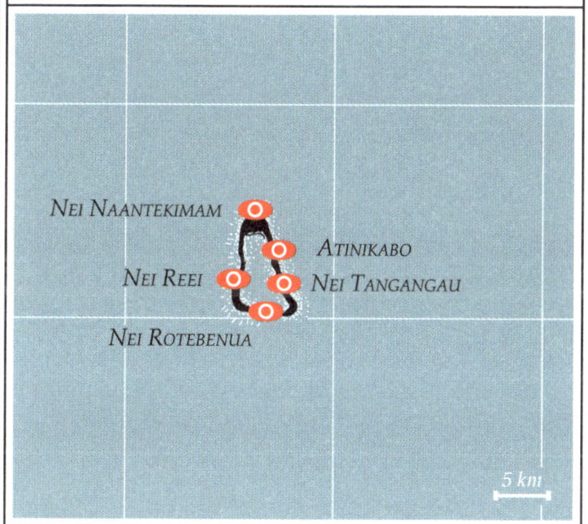

Abaiang

1°49'00"N; 173°00'00"O

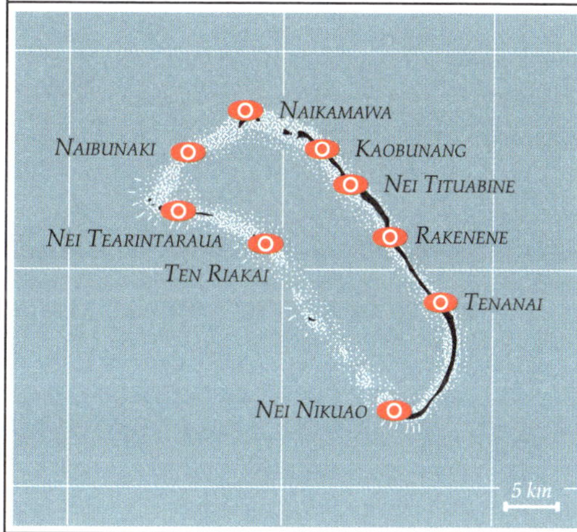

Tarawa

01°19'32"N; 172°59'00"O

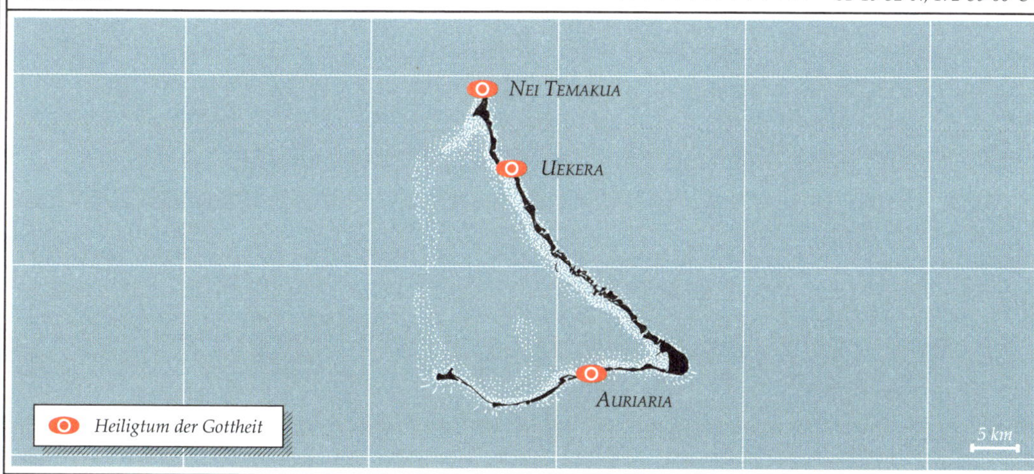

Maiana 0°56'00"N; 173°00'00"O

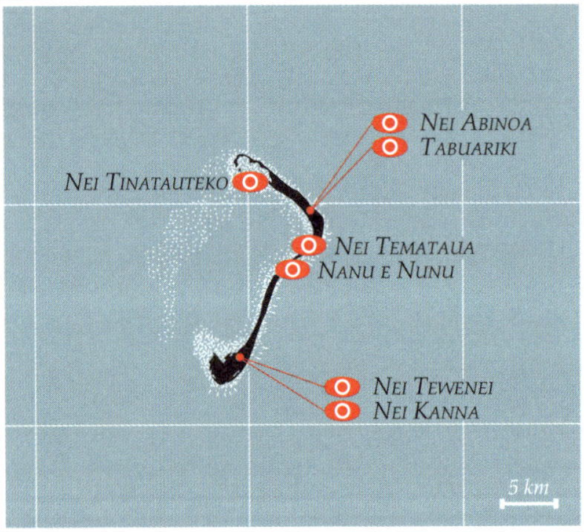

Abemama 0°23'15"N; 173°46'42"O

Kuria und Aranuka 0°10'00"N; 173°35'00"O

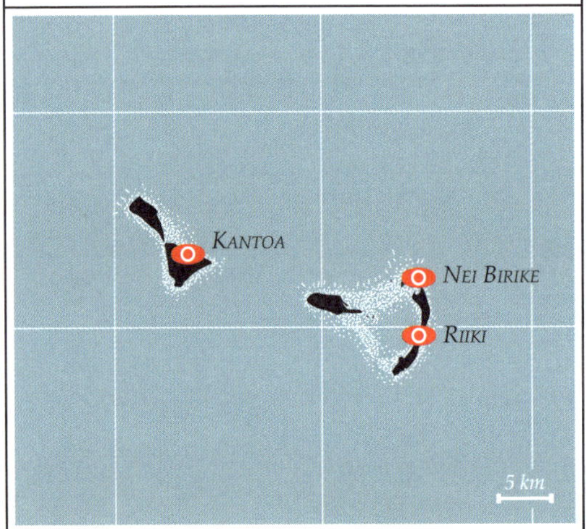

Nonouti 0°32'01"S; 174°13'14"O

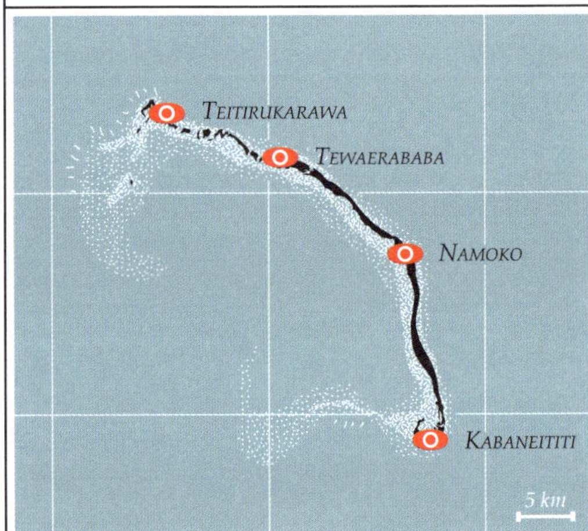

Tabiteuea 1°21'00"S; 174°48'00"O

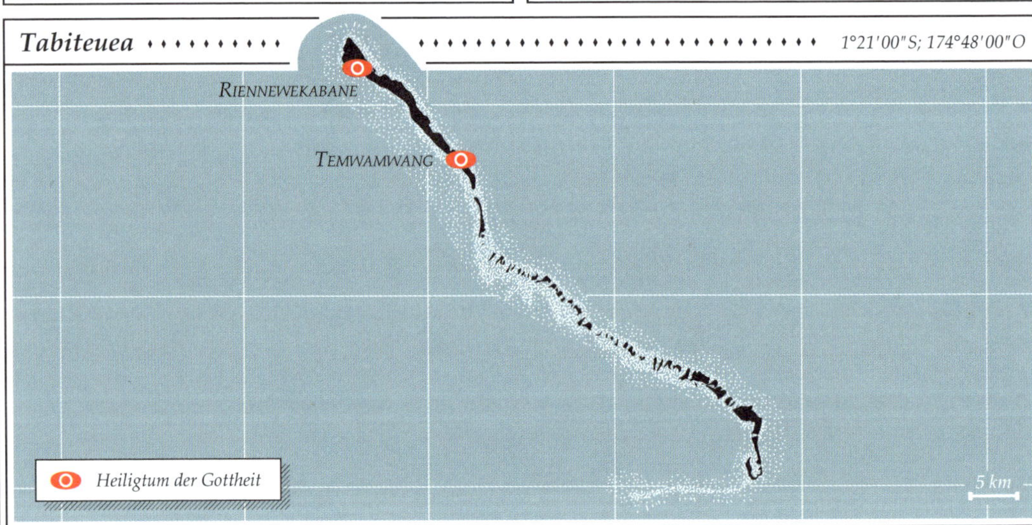

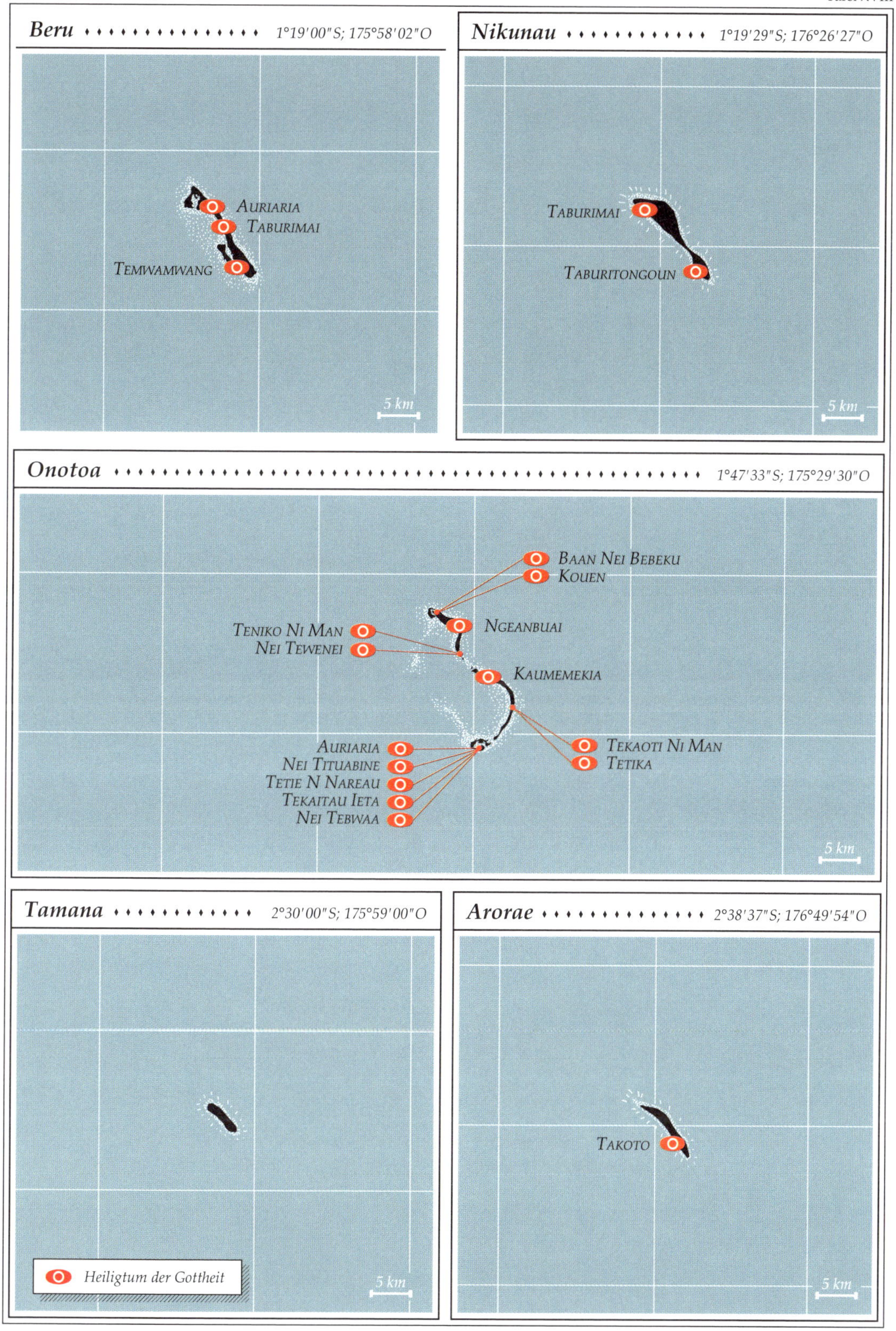
Beru 1°19'00"S; 175°58'02"O
Auriaria
Taburimai
Temwamwang
5 km
Nikunau 1°19'29"S; 176°26'27"O
Taburimai
Taburitongoun
5 km
Onotoa 1°47'33"S; 175°29'30"O
Baan Nei Bebeku
Kouen
Teniko Ni Man
Nei Tewenei
Ngeanbuai
Kaumemekia
Auriaria
Nei Tituabine
Tetie N Nareau
Tekaitau Ieta
Nei Tebwaa
Tekaoti Ni Man
Tetika
5 km
Tamana 2°30'00"S; 175°59'00"O
Heiligtum der Gottheit
5 km
Arorae 2°38'37"S; 176°49'54"O
Takoto
5 km

Morgen ist ein anderer Tag

Butaritari, 13. Oktober, 10.30 Uhr

Er verbringt den ganzen Tag dort. Er lässt die Beine aus der *bwuia* baumeln und beobachtet das Kommen und Gehen der Kinder, die wie sein Enkel und sein Sohn, der hier arbeitet, diese Schule besuchen.

Die beiden Hütten, die sie vor einem Jahr bezogen haben und die zur Schule gehören, zeigen direkt auf den großen Schulhof, in dem die Schüler gerade ihre Pause verbringen.

Wir bleiben stehen und tauschen ein paar Worte miteinander.

Das feine, helle Timbre seiner Stimme erinnert entfernt an eine Falsettstimme. Er ist sehr freundlich und hat Lust auf ein Gespräch, auch wenn er den Blick auf etwas anderes hinter uns gerichtet hat. Es ist der Ball, der über dem Volleyballnetz hin- und herfliegt. Er erzählt, dass ihm das Bewegen und das Gehen schwerfallen und dass er froh ist, bei seinem Sohn, der Lehrer ist, dessen Frau und ihrem einzigen Sohn zu leben. Denn sie helfen ihm und sorgen für seinen Lebensunterhalt. Der wehmütige Ausdruck in seinem Gesicht lässt vermuten, dass er gern an die Vergangenheit zurückdenkt.

1°47'33" S; 175°29'30" O
Auf Onotoa leben insgesamt 1500 Menschen. Wörtlich übersetzt bedeutet der Name etwa »sechs Riesen«. Der Legende nach soll dort eine bucklige Frau die Flucht ergriffen haben, als ihre sechs Söhne sie wegen ihrer Missbildung auslachten. Voll Reue machten sie sich auf die Suche nach ihr und fanden sie im Süden der Insel.

Er berichtet, dass er in seinem Leben viel gereist sei, dass er mehr als 20 Jahre als Seemann für verschiedene Fischereiunternehmen gearbeitet habe und in Indonesien, auf den Philippinen, in Australien, Japan und sogar im Mittelmeer gewesen sei. Doch nirgendwo sei es wie in Kiribati und er wolle in keinem anderen Land leben. Und er erklärt uns auch, warum. Überall regiert das Geld. Man muss Geld verdienen, um zu essen, um abends auszugehen, um die Schule der Kinder zu bezahlen, um sich zu kleiden, um sich ein Haus leisten zu können. Hier dagegen ist das Leben einfach: Das Essen hängt an den Bäumen oder man findet es auf dem Meeresgrund. Um sich einen Platz zum Schlafen zu bauen, braucht man gerade einmal vier Tage, und das Material findet man in der Natur. Alles ist immer ganz frisch, und man braucht keine Kühlschränke. Man kann tagaus, tagein fischen, sammeln, bauen, ohne an mor-

gen zu denken. Eine einzige Ausnahme gäbe es allerdings, erklärt er uns. Auf den Inseln im Süden, vor allem in **Onotoa**, herrscht in bestimmten Zeiten des Jahres eine so fürchterliche Hitze, dass die Pflanzen zugrundegehen und man nicht fischen kann. Zur Verhinderung von Hungersnöten hat man dort eine besondere Technik entwickelt, um die Lebensmittel zu trocknen und so haltbar zu machen. Der Fisch wird geräuchert, und die Früchte des Schraubenbaums und des Brotfruchtbaums werden gekocht, in Scheiben geschnitten und einige Tage in der Sonne getrocknet, bis sie so knusprig sind wie Pommes frites. Danach verpackt man sie in Schraubenbaumblätter und kann sie so jahrelang aufbewahren. Und er fügt hinzu: Mit Kokoscreme gemischt, wird daraus eine wahre Delikatesse.
Wir wollen wissen, ob er nie auf den Gedanken gekommen sei, auf ähnliche Weise vorzusorgen. Er sieht uns entsetzt an, als hätten wir ein Unglück prophezeit. Fast beleidigt erklärt er uns kurz angebunden, er hoffe, nie gezwungen zu sein, an die Zukunft denken zu müssen.

Abb. 1 Morgen, Flut: A. Frühstück (wenn man hungrig ist) – B. Sauber machen rund um das Haus – C. Fischen – D. Mit dem Boot zur Schule fahren

Abb. 2 Nachmittag, Ebbe: A. Spielen – B. Ausruhen – C. Kochen für die Hauptmahlzeit – D. Muscheln oder Wasserwürmer sammeln

Abb. 3 Abend, Flut: A. Entspannen, sich unterhalten und schlafen – B. Fischen

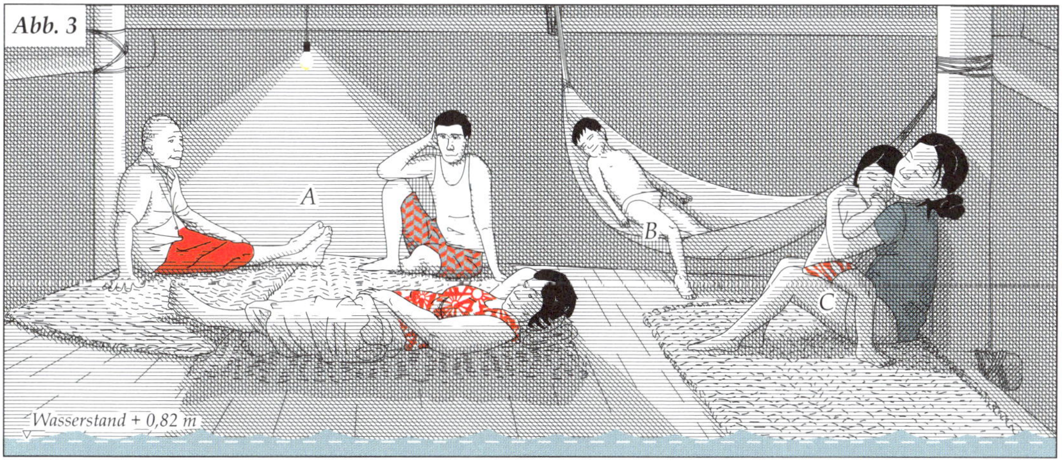

Abb. 1 MORGEN, EBBE: A. Frühstück (wenn man hungrig ist) – B. Sauber machen rund um das Haus – C. Morgentoilette – D. Zu Fuß in die Schule gehen

Abb. 2 NACHMITTAG, FLUT: A. Kokosnüsse pflücken – B. Wäsche waschen – C. Kochen für die Hauptmahlzeit – D. Fischen

Abb. 3 ABEND, EBBE: A. Sich unterhalten – B. Schlafen – C. Ausruhen

Flechtwerke

Butaritari, 14. Oktober, 17.00 Uhr

Wir stehen in einem Lagerhäuschen am Straßenrand, um zu tanken. Der etwa drei Meter breite Raum ist mit roten Benzinfässern vollgestellt. Endlich kommt die Frau mit einem Trichter und einem Messbecher zurück, füllt das Benzin in den Tank des Mofas und präsentiert uns die Rechnung, indem sie uns einfach die Handfläche zeigt. Wir setzen unsere Fahrt fort und nehmen diesmal eine Abkürzung, die uns an einem Haus vorbeiführt, vor dem etwa zehn Personen eifrig damit beschäftigt sind, eine Art Choreografie auszuführen.
Im Mittelpunkt sitzt eine Frau mittleren Alters, hinter der sich ein Berg zu Bündeln zusammengefasster Schraubenbaumblätter auftürmt. Mit raschen Bewegungen lässt sie die Bündel zwischen ihren fünf Fingern hindurchgleiten und verknüpft sie zu Geflechten und Mustern. Wir sind starr vor Bewunderung, mit welcher Anmut und Geschicklichkeit sie dies tut. Ein Mann kommt auf uns zu und erklärt, dass die Frau eine Matte für den traditionellen Sitztanz flicht. Sie sei noch am Anfang, die Arbeit werde insgesamt eine Woche dauern. Er führt uns einige Meter weiter zu drei Männern, die über einem offenen Feuer die Dornen an den Rändern der langen Blätter abbrennen. So haben wir den ersten und den letzten einer langen Reihe von Arbeitsschritten gesehen. Denn nach dem Abbrennen werden die Fasern drei Tage in der Sonne getrocknet und danach mehrmals mit einem Schlägel bearbeitet, damit sie weicher und glatter werden. Eine kleine Gruppe von Frauen, die in einer Reihe nebeneinander sitzt, wickelt die getrockneten Bänder einzeln zu einer Art Garnrolle auf. Unser Führer beugt sich hinunter, ergreift eine Rolle und zerteilt das Blatt mit einem Eisenwerkzeug, dem sogenannten **bwere** (einem Mittelding zwischen Kamm und Kartoffelschäler), in schmale, lange Streifen. »Fertig«, stellt er zufrieden fest, »damit können sie anfangen zu flechten. Jetzt haben wir alles, was sie brauchen.«

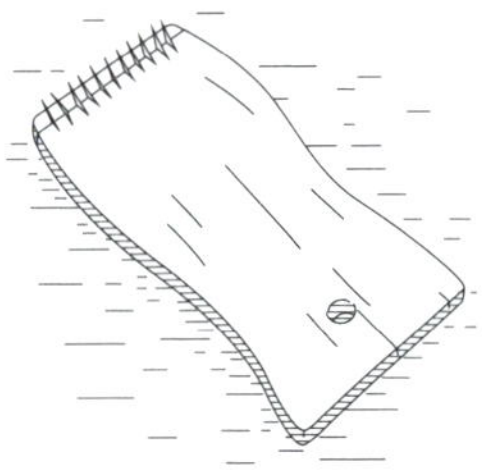

Te bwere, *Werkzeug zum Zerteilen der Blätter in Längsstreifen. Je nach Art der Matte, die man flechten will, ist der Abstand zwischen den Zähnen kleiner oder größer.*

Die verschiedenen, aus Schraubenbaumblättern geflochtenen Matten:
A. Feiner gewobene Matten benutzt man zum Schlafen *(te kie ni matu)*, beim Sitztanz *(te kabae)* oder legt sie sich wie eine Stola *(te kouti)* um – B. Weniger fein gearbeitete Matten mit gröberem Geflecht dienen als Sitzunterlage *(te roba)* oder Teppich *(te raeroba)*.

Eine wertvolle Pflanze

Süd-Tarawa, 16. Oktober, 20.30 Uhr

Pünktlich stehen wir mit einer Flasche Wein und einem Töpfchen Oliven in Öl – die wir, so absurd es klingen mag, just in seinem Geschäft, das als einziges auf der Insel typische (importierte) Produkte der mediterranen Küche anbietet, gekauft haben – vor seiner Haustür. Wir ziehen die Schuhe aus, damit das Parkett nicht beschädigt wird, und nachdem der Wein kalt gestellt ist, machen wir es uns auf einem IKEA-Sofa gemütlich. Dabei genießen wir die klimatisierte Luft, wussten wir doch schon gar nicht mehr, wie sie sich anfühlt. Es ist, als hätte man uns in die Wohnung einer wohlhabenden westlichen Metropole versetzt.

Ein Foto auf dem Glastischchen vor dem Fernseher erregt meine Aufmerksamkeit. Es zeigt den Hausherrn mit stolzer Miene und einem riesigen *bwabwai* in der Hand. Diese schon etwas verblasste Fotografie muss eine wertvolle Erinnerung sein.

Ich bitte ihn, uns etwas darüber zu erzählen. Er erklärt mir, diese Pflanze, die damals bereits 21 Jahre überdauert hatte, habe ihm sein Großvater zu seinem 21. Geburtstag, mit dem er die Volljährigkeit erlangte, geschenkt.

»Diese Knolle«, fährt er fort, »ist eine symbolträchtige Pflanze, die in unserer Kultur eine außerordentlich wichtige Rolle spielt.« Früher war sie sogar ein Indikator für den wirtschaftlichen und gesellschaftlichen Stand einer Person, ein echtes Statussymbol. Denn je mehr *bwabwai*-Pflanzungen jemand besaß, desto mehr Respekt und Ansehen genoss er. Und manchmal diente sie sogar als Geldersatz. Wer kein Geld hatte, konnte mit einem *bwabwai* bezahlen. Das war zwar nicht so praktisch wie eine Kreditkarte, aber ebenso wirkungsvoll.

Ende der 1920er-Jahre »rekrutierte« die British Phosphate Commission (BPA) *unter den Bewohnern von Kiribati und Tuvalu 20 000 Männer für die Arbeit in den etwa 700 km von Tarawa entfernten Phosphatminen von Nauru.*

Er lächelt und fixiert versonnen ein Detail auf einem Bild, das hinter mir hängt. Dann versetzt er uns unvermittelt 60 Jahre zurück nach Nauru, einen südwestlich von Kiribati gelegenen Inselstaat. Der Vater seiner Mutter war wie viele andere dorthin gegangen, um im **Phosphatbergbau** zu arbeiten. Dort begegnete man den

Neuankömmlingen mit Misstrauen und Zurückhaltung. Was die Bewohner von Nauru ärgerte, war deren geradezu herausfordernde Selbstsicherheit, ihr Chefgehabe, das sie mit Misstrauen beobachteten.
Man begann zu munkeln, er würde überall herumerzählen, er – und seine gesamte Familie – herrsche über die Insel **Marakei**.
Wer willst du sein? Bist du wirklich der Herrscher von Marakei?, fragte ihn eines Tages ein Mann.
Anstatt auf die Frage zu antworten, zog es der Großvater vor, Tatsachen sprechen zu lassen. Er rief die Verwandten an, die seinen Landbesitz auf der Insel Marakei verwalteten, und gab ihnen Anweisung, alle *bwabwai*-Pflanzen, die er über Jahre mühevoll kultiviert hatte, auszugraben. Tage später kam in Nauru eine an ihn adressierte Schiffsladung an. Das ganze Dorf fand sich am Hafen ein, um diesem außergewöhnlichen Ereignis beizuwohnen. Völlig unbeirrt ließ der Großvater die Tonnen von *bwabwai* in einen Lastwagen der Mine verladen, und anstatt nach rechts zu seinem Haus zu fahren, steuerte er ihn nach links, um den längsten Weg zu nehmen, der an den Häusern aller Dorfbewohner und auch am Haus jenes Mannes vorbeiführte, der es gewagt hatte, an ihm zu zweifeln. »Die verblüfften Gesichter der Leute muss ich euch wohl nicht beschreiben«, schloss er und holte uns damit unsanft wieder in die Realität seines extravaganten Ambientes zurück.

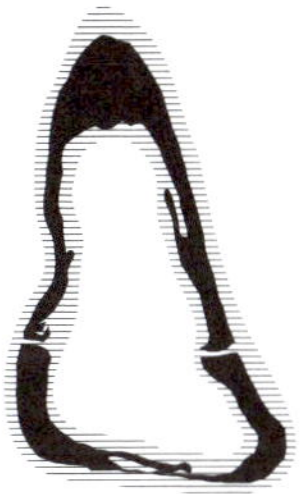

2°00'00" N; 173°16'00" O
In Marakei gedeihen die besten bwabwai *der Inselgruppe. Die süßen, saftigen Knollen sehen fast aus wie Kartoffeln.*
Aufgrund der Kargheit des Bodens findet man die Pflanzen im Süden dagegen nur selten.

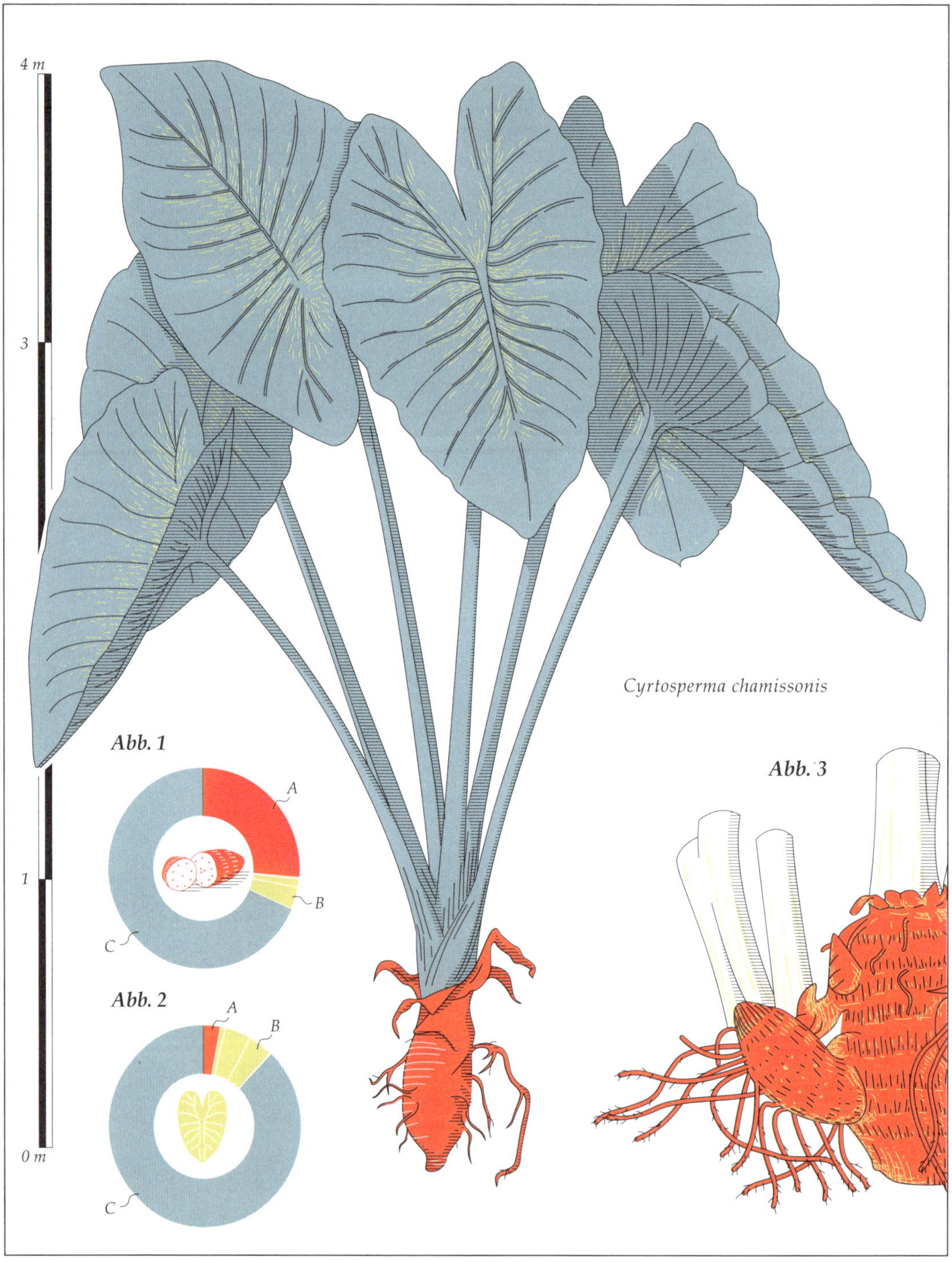

Abb. 1 Zusammensetzung der im Rhizom enthaltenen Nährstoffe:
A. 26,2 % Kohlenhydrate – B. 5,5 % Proteine, Fette, Ballaststoffe und andere – C. 68,3 % Wasser
Abb. 2 Zusammensetzung der in den Blättern enthaltenen Nährstoffe:
A. 2,6 % Kohlenhydrate – B. 11,7 % Proteine, Fette, Ballaststoffe und andere – C. 85,7 % Wasser
Abb. 3 Detailansicht des knolligen Rhizoms

Abb. 1 Querschnitt einer Pflanze aus einer Bwabwai-Kultur:
A. Mulchschicht aus Schraubenbaum- und Palmblättern – B. Humus – C. Gemisch aus Humus oder Sand, Laub und Schlamm – D. Kompost aus den grünen Blättern und dem Laub von *Guettarda speciosa* und *Messerschmidia argentea*

Abb. 2 Semihypogäische Bwabwai-Pflanzung

Wer eine Venusmuschel findet ...

Süd-Tarawa, 17. Oktober, 15.45 Uhr

Die lavalava, *ein Pareo, der um die Taille gebunden wird, wird häufig sowohl von Männern wie von Frauen getragen. Es gibt auch formellere Varianten dieses Kleidungsstücks.*

... einen wahrhaftigen Schatz, das ist alles, was wir verstehen. Er verwendet ein Wort, das wir nicht kennen, doch neugierig geworden, beschließen wir ihm zu folgen.
»In Anbetracht der Uhrzeit«, sagt er, »gehen wir am besten zu Fuß«, zu Fuß durchs Wasser. Dieses scheinbar gar nicht weit entfernte Atollfragment ist nur auf dem Seeweg zu erreichen. Um mit dem Boot zu fahren, müssten wir etwa zwei Stunden warten, bis die Ebbe vorbei ist. Während er mit uns spricht, bahnt er uns den Weg durch das traumhafte Azurblau des Wassers, stets darauf bedacht, den besonders spitzen Teilen des Korallenriffs auszuweichen.
Der große, gut aussehende Mann ist etwa 70 Jahre alt, braun gebrannt und hat eine tiefe, feste Stimme. Er ist vor zwei Jahren als Freiwilliger aus Australien mit seiner Frau hierhergekommen. Sie arbeitet im Krankenhaus und er auf einer Schiffswerft.
Als wir das andere Ufer erreicht haben, rät er mir, die **lavalava**, die ich hochgehoben hatte, damit sie nicht nass wird, wieder richtig herunterzuziehen.
Er macht uns mit den Besitzern des Schatzes bekannt: ein Ehepaar um die 30 mit drei Kindern, von denen eines erst wenige Tage alt ist. Sie betreuen dieses bahnbrechende Projekt, das bis jetzt nur noch in Abaiang organisiert wird und sich, im Auftrag einer ortsansässigen Firma, auf weiteren drei Inseln in Vorbereitung befindet. Mit unverhohlenem Stolz heben sie eine Plastikplane an, unter der lange, schmale Wannen zum Vorschein kommen. Wir sind wie geblendet von der Farbenpracht der Hunderte kleinen und großen **tridacne**, die sich darin befinden. Es handelt sich um eine Züchtung, die für Aquarien auf der ganzen Welt bestimmt ist und die Tausende Dollar einbringen kann – ein Schatz, von dem unter Umständen auch die Bevölkerung von Kiribati profitieren wird. Allerdings werden diese seltenen und im Aussterben begriffenen Weichtiere zum größten Teil geerntet und verzehrt. Von den Bäuchen bis zu den Aquarien ist es nur ein kleiner Schritt. Vielleicht ...

Auf den Gilbert-Inseln findet man vier verschiedene Arten von tridacninae: *T. gigas, T. squamosa, T. maxima und Hippopus hippopus. Sie unterscheiden sich in Größe, Gewicht, Farbe und Lebensraum. Die Tridacna gigas ist vom Aussterben bedroht und wird deshalb nicht mehr exportiert.*

100
Jahre
200 kg
1,5m
Tridacna gigas
1
0,5
0 m
20 m
empfindlich
Nahrungsmittel
Gefäß
Anker
Weihwasser-
becken
Verkauf
2 AUD
Melbourne
Aquarium

Der Himmel ist wie ein Buch

Süd-Tarawa, 22. Oktober, 18.15 Uhr

0°13'43" N; 173°24'38" O Die Insel Kuria ist dafür bekannt, dass die Fische dort ein besonders fettes Fleisch haben. Das liegt, wie viele meinen, an gewissen roten Algen, die zu bestimmten Jahreszeiten dort auftreten. Mit weniger als 1000 Einwohnern ist Kuria die am dünnsten besiedelte Insel des Landes.

Anhand der Farbe des Himmels und der Wolkenformen können die »Wolkenleser« (tetia borau) *Tendenzen und Perturbationen erkennen und vorhersagen sowie die Lage von Inseln bestimmen.*

Bevor er mit seiner Erzählung beginnt, sieht er uns mit feierlicher Miene tief in die Augen und erklärt uns, dass wir den Protagonisten der Geschichte keinesfalls treffen können, denn sein Wissen ist ein wertvolles Geschenk, das er geheim hält.
Es war vor acht Jahren, an einem Nachmittag, als er einen Anruf bekam: Man hatte seine Schwägerin und ihre Kinder wiedergefunden, deren Spur sich vor mehr als einem Monat verloren hatte, als der Motor des Bootes, das sie nach einem Aufenthalt in Maiana nach Tarawa zurückbringen sollte, kaputtging. Die Sorge wurde von Tag zu Tag größer, als der Ehemann und Vater, der sie am Hafen von Betio am äußersten Ende von Tarawa erwartete, erfuhr, dass sie zwar mit Proviant – Kokosnüssen und Bananen – von der Insel aufgebrochen, aber nie am Ziel angekommen waren. Es begann eine Suche, an der sich viele beteiligten: die *New Zealand Air Force,* die Polizei und die Fischer, die in diesem Teil des Meeres auf Fischfang waren – doch von dem kleinen Boot keine Spur.
In ihrer Verzweiflung beschlossen sie, diesen Mann aufzusuchen. Als sie ihr Anliegen vorgebracht hatten, verließ er das Haus, begab sich an den Strand, richtete, mit dem Gesicht zum Meer, den Blick zum Himmel und verharrte so fünf Minuten lang. Dann zeigte er auf die weißen Massen über ihren Köpfen und zeichnete mit dem Finger imaginäre Linien in den Himmel. Er erklärte ihnen, dass die beiden sehr unterschiedlichen Wolkengruppen zwei gegensätzliche Strömungen anzeigten und dass sich das Boot auf dem Weg nach **Kuria** befände, dass es also genau in die entgegengesetzte Richtung ihres eigentlichen Zieles gefahren sei. Auch gab er an, wo genau die einzelnen Familienmitglieder auf dem Boot saßen. Einzig die Entfernung des Bootes zur Küste konnte er nicht genau bestimmen. Man übermittelte dies an die *Air Force,* der es mithilfe des GPS gelang, die Schiffbrüchigen ausfindig zu machen. Doch wer war dieser Mann? Die Antwort waren ein Lächeln und zwei Wörter: ganz offensichtlich ein **tetia borau**.

Tafel XXV Das Firmament: A. Antares *(Rimwiata)* – der hellste Stern im Sternbild Skorpion – verheißt ideales Reisewetter.

Tafel XXVI Der Wolkenatlas: A. *Te Nangkoto,* weiße Wolken am Morgenhimmel deuten auf Schauer hin. – B. *Te Butunikangeri,* tief hängende, in parallelen Linien angeordnete Wolken – C. *Te Kauma,* tief hängende, längliche Wolken mit einer Wölbung in der Mitte – D. *Te Rainareke,* längliche, sich beim Übergang vom Land zum Wasser aufbauschende Wolken

A
B

C
D

Was ist schon Eifersucht?

Nord-Tarawa, 25. Oktober, 20.00 Uhr

Die tiibuta *ist eine traditionelle gekräuselte Bluse mit sichtbaren Nähten.*

Es ist acht Uhr abends, der Vollmond scheint und es ist taghell. Die Tante des Gefeierten, eine etwas rundliche, etwa 30-jährige Frau, die eine orangefarbene **tiibuta** trägt, begleitet uns. Gemeinsam gehen wir über den schmalen Weg zum Haus und bleiben dabei immer wieder stehen, um uns den Familienmitgliedern vorzustellen. Eine kleine Gruppe von Kindern saust an uns vorbei und zerstreut sich. Kurz darauf erscheint ein kleiner Junge, der bedächtig jeden Winkel erkundet.

Man fordert uns auf, auf dem Boden Platz zu nehmen. Im Schein eines schwachen Lichts schläft in einer Wiege in der Raummitte, geschützt von einem Moskitonetz, das soeben getaufte Neugeborene. Daneben stehen, tief bewegt, die blutjungen Eltern.

Während wir auf das Abendessen warten, machen wir uns mit den Gästen bekannt und versuchen herauszufinden, wie viele von ihnen unter diesem Dach leben. Eltern, Kinder, Schwiegertöchter, Enkelkinder – alle schlafen hier auf diesen wenigen Quadratmetern. Während sich die anderen von der lieblichen, aber durchdringenden Stimme eines kleinen Mädchens unterhalten lassen, das zur Gitarre singt, gehe ich zu dem orangefarbenen Kittel und frage sie, wie man bei diesen räumlichen Gegebenheiten noch Platz für Zweisamkeit findet. Sie lacht anzüglich und gibt die Frage umgehend an ihre Eltern und den Rest der Gesellschaft weiter. Als hätte er nur darauf gewartet, gibt der älteste Mann in der Runde unzählige schlüpfrige Anekdoten zum Besten. Die Heiterkeit wächst. Als die junge Frau meine Konsternation bemerkt, erklärt sie mir, ihre Familie käme von der Insel Abemama, Sex sei dort absolut kein Tabu. Das ginge sogar so weit, dass es gesellschaftlich akzeptierte Praxis sei, die Ehefrau oder den Ehemann für eine Nacht an einen Familienangehörigen zu »verleihen«, wenn dieser das wünscht.

»Und die Eifersucht?«, frage ich.

»Was ist schon Eifersucht?«, erwidert sie, und auf ihrem strahlenden Gesicht werden zwei niedliche Grübchen sichtbar.

Prostitution
Pornografie
Sex zur Lustbefriedigung
frühreifer Sex
transaktionaler Sex
sexueller Missbrauch
Homosexualität
erzwungener Sex
BEER
HEUTE
sexuelle Freiheit
Promiskuität
Krankheiten
Teenagerschwangerschaften
ungeschützter Sex
Bevölkerungswachstum
TRADITION
MISSIONSZEITALTER
Sex zur Fortpflanzung
arrangierte Ehen
Inzest
Sex mit reifen Frauen
Monogamie
Polygamie
sexuelle Tabus

Jeder Tag ein Sonntag

Nord-Tarawa, 26. Oktober, 11.00 Uhr

Die Kava *ist eine Strauchpflanze, die schon seit Urzeiten im westlichen Pazifik gedeiht. Man stellt daraus ein Getränk her, das beruhigend und entspannend wirkt. Vor langer Zeit wurde die Pflanze in Kiribati eingeführt, wo das daraus hergestellte Getränk inzwischen so beliebt ist, dass es mittlerweile schon ein Problem darstellt.*

Kouben *ist eine Mischung aus Tabak, Koralle und zuckerhaltigen Substanzen. Es wird heute in zunehmendem Maße bereits von sehr jungen Menschen konsumiert. Der Genuss ist außerordentlich schädlich, denn er kann Mundkrebs verursachen.*

Es ist Sonntag. Sie holen uns mit einem Pick-up ab, der mit Proviant beladen ist. Wir stimmen ein Lied an, die Atmosphäre ist unbeschwert und heiter – wie an einem Sonntag eben.
In jeder Familie, die im Durchschnitt aus 10 bis 15 Personen besteht, gehen stets nur ein oder zwei Personen einer regelmäßigen Arbeit nach. Für die anderen ist immer Sonntag. Wir erreichen die an der Küste gelegene *maneaba,* die wir für nur zehn Dollar gemietet haben. Alles ist sehr gut organisiert und jeder hat eine bestimmte Aufgabe: Der eine breitet die Matten aus, der andere sammelt Feuerholz, der Nächste bereitet das Essen vor. Wie aus heiterem Himmel tritt mitten in dieser Geschäftigkeit eine unerwartete und für einen Feiertag ungewöhnliche Ruhe ein. Alle haben sich niedergelegt, einige schlafen, andere tun einfach nichts. Vier junge Männer um die 20 erregen unsere Aufmerksamkeit. Sie sitzen im Kreis um eine Plastikschüssel, die mit einer trüben Flüssigkeit gefüllt ist. Aus Schöpfkellen trinkt einer nach dem anderen davon, als sei es ein Göttertrank. Wir probieren einen Schluck. Die Wirkung ist betäubend: Die Lippen fangen an zu kribbeln, schwellen an und werden gefühllos. Uns wird klar, dass es sich um **kava** handelt, ein Getränk, das im gesamten Pazifikraum außerordentlich beliebt ist und einschläfernd und schmerzstillend wirkt. Die jungen Männer entfernen sich einer nach dem anderen. Einer von ihnen spuckt, als er zurückkommt, etwas Rotes aus. Auf unsere Nachfrage zeigt er uns ein rotes Pulver, das in ein Stückchen Stanniolpapier verpackt ist. Das sei **kouben**, koste nur ein paar Cent und sei weit weniger schädlich als Tabakrauch, erklärt er uns. Man nimmt es in den Mund und schiebt es vor das Zahnfleisch des Unterkiefers. Es habe eine entspannende, betäubende Wirkung, erklärt er uns weiter.
Als würde die *kava* nicht schon reichen, denken wir bei uns.

Tabak

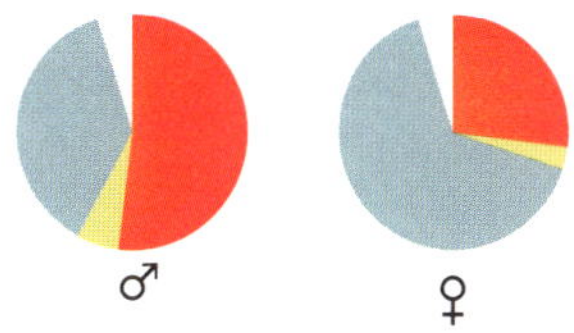

Päckchen 3–8 AUD

50g Tabak 5 AUD

Kava

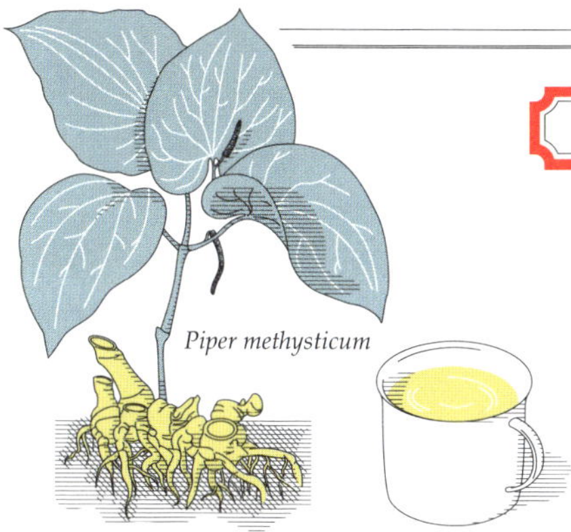

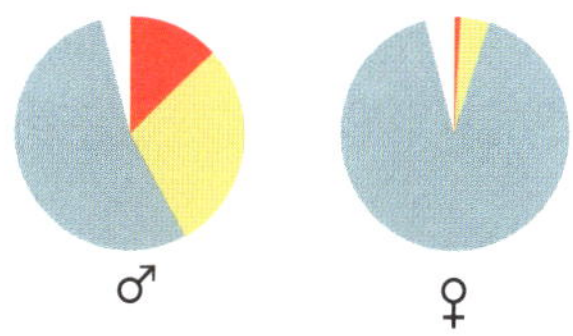

Wurzel 60–70 AUD/kg

Alkohol

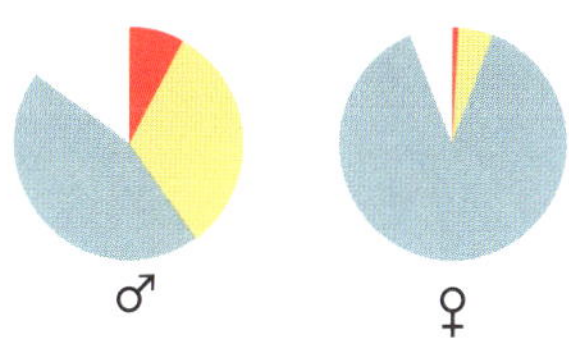

Wein 20–30 AUD

Bier 3–5 AUD

Kouben

Keine Daten verfügbar, da die Mixtur erst in neuerer Zeit in Mode gekommen ist.

Häufigkeit des Konsums

- regelmäßig
- gelegentlich
- nie
- nicht mehr

Ein Ende und ein Anfang

Nord-Tarawa, 28. Oktober, 9.00 Uhr

Es weiß, was es erwartet. Es versucht, den Strick abzustreifen, mit dem es an der jahrhundertealten Pflanze festgebunden ist, deren Haare ihm in den vergangenen drei Jahren als Dach und Bett dienten. Vermutlich ist ihm bewusst, dass die ganze Aufregung, die um es herum herrscht, nicht zufällig ist. Denn heute ist ein besonderer Tag. Alle bereiten sich auf eine große Feier vor, und bei solchen Gelegenheiten muss immer eines von ihnen sein Leben lassen. Und heute ist die Reihe an ihm.

Seine verzweifelten Schreie erregen unsere Aufmerksamkeit, daher halten wir an und gehen zu den Leuten, die im Begriff sind, es zu töten. Wir erkundigen uns bei einem Mann, der gerade ein Messer wetzt, nach dem Grund. Seine dritte Tochter sei vorgestern zur Frau geworden, und dieses Schwein werde das Hauptgericht eines Festes sein, das morgen beginnt und an dem das ganze Viertel teilnimmt. Neugierig geworden, suchen wir die Hauptperson dieses Festes. Doch ihre Mutter kommt uns entgegen und erklärt uns, dass wir sie nicht sehen können.

Im Augenblick sei die Großmutter, eine alte Frau und damit ein Symbol der Weisheit, dabei, dem jungen Mädchen zu erklären, was sich von nun an ändern wird, was es in Kiribati bedeutet, eine Frau zu sein. Sie wird sich für drei Tage mit ihr in ein Zimmer zurückziehen. In dieser Zeit darf das Mädchen nur hin und wieder etwas Kokoswasser trinken und ein paar Löffel gekochten Reis essen. Nach Ablauf der drei Tage darf das junge Mädchen, ganz in Rot gekleidet, seine erste richtige Mahlzeit mit einem Jungen, einem Jüngling oder einem Mann – wichtig ist nur, dass er ein Erstgeborener ist – teilen, den die Familie ausgesucht hat. Nachdem sie sich gestärkt hat, wird sie sich allen in einem Solotanz präsentieren, und danach beginnt das Fest.

Ein letzter Blick auf die verschlossene Tür, ein »viel Glück« an das junge Mädchen. Dann verabschieden wir uns, nicht ohne der Frau das Versprechen zu geben, dass wir morgen wiederkommen.

DIE FESTE DES LEBENSKREISES

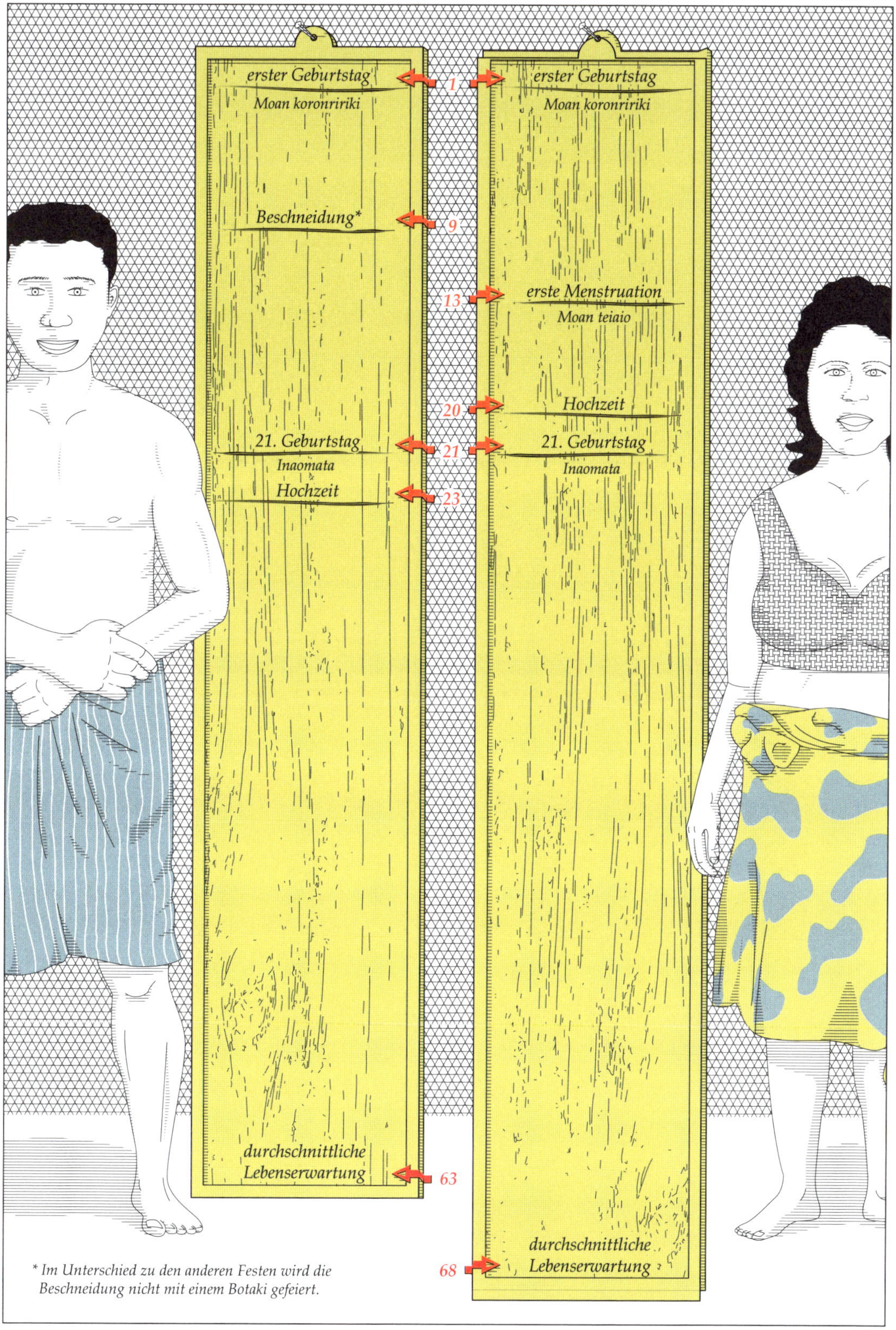

* Im Unterschied zu den anderen Festen wird die Beschneidung nicht mit einem Botaki gefeiert.

Der Tanz, eine Sprache

Süd-Tarawa, 30. Oktober, 13.00 Uhr

Wir reihen uns in den Strom der Feiernden ein, die auf die *maneaba* zustreben. Aus ihrer Richtung dringt geschäftiges Lärmen. Die Farbe, die uns empfängt, ist überwältigend: Mehr als 200 gelb gekleidete Frauen jeden Alters bereiten sich darauf vor, sich vor einer überwiegend aus Kirchenvertretern bestehenden Jury zu präsentieren. Sie flechten Blumengirlanden für das Publikum, nähen sich Röckchen aus Kokospalmenblättern an, verlängern sich die Wimpern und pudern sich die Wangen. Eine Nonne fordert uns auf, auf den wenigen Stühlen Platz zu nehmen, die für die Ehrengäste und die Jury reserviert sind.
Das Spektakel beginnt. Aufgeteilt in Gruppen, die die einzelnen Viertel von Süd-Tarawa repräsentieren, beginnen die Frauen zu tanzen. Einige posieren sitzend, die Beine mit Matten bedeckt, in der vorderen Reihe, während die Tänzerinnen in der hinteren Reihe stehen. Alle bewegen sich synchron. Das Becken schwingt mit weichen, kurvenden Bewegungen von rechts nach links, während die Arme, die Hände und der Kopf den Bewegungen rhythmisch, beinahe ruckartig folgen – eine Choreografie, die auch alle Anwesenden mitvollziehen. Die Ordensschwester neben mir flüstert mir eine Simultanübersetzung dieser aus Figuren und Stellungen bestehenden Sprache ins Ohr.
Der Tanz erzählt den typischen Tag einer Durchschnittsfrau zwischen Küche, Versorgung der Kinder und Hausarbeit. Im Publikum erhebt sich eine Frau und sprüht Parfüm auf die Hälse und unter die Achseln der Tänzerinnen, die dabei unbeirrt weitertanzen. Dies ist ein Ausdruck des Dankes und der Würdigung einer Darbietung. Anstelle von Parfüm kann man auch Puder nehmen. Nach der Aufführung verteilen sich die Gruppen im Raum und fordern die Anwesenden – auch uns, o je – mit einer Verbeugung zum Tanzen auf. Alle Blicke sind auf uns gerichtet, amüsiert über die westliche Art, in der wir uns zu ihrer Musik bewegen. Eine Frau kommt auf uns zu und hüllt uns in eine Parfümwolke. Prüfung bestanden.

Abb. 1 Te kaimatoa: Männer und Frauen tanzen im Stehen, wobei sie auf der Stelle treten. Die angehobenen Arme bilden einen stumpfen Winkel, während sich das Becken entlang einer imaginären horizontalen Achse hin- und herwiegt. Kopf und Augenbrauen werden dabei ruckartig bewegt (A und B).
Abb. 2 Te bwaoki: Ein quadratischer Hohlkörper aus Holz mit einer Seitenlänge von mehr als 2 m dient als Schlaginstrument, das die Musik und den Chor begleitet. Die Spieler sitzen in Gruppen auf dem Boden um das Instrument, das sie mit den Handflächen und den Armen schlagen.

Das erste Mal

Süd-Tarawa, 31. Oktober, 16.00 Uhr

01°19'32" N; 172°59'00" O
Bairiki ist das bedeutendste Zentrum des Atolls Süd-Tarawa, das zugleich die Hauptstadt des Landes ist. Dort befinden sich die Post, die Universität, die Mehrzahl der Verwaltungsbüros und die Residenz des Staatspräsidenten.

Pünktlich um 16 Uhr ist sie da.
Mit der Handtasche für große Anlässe, aber, wie hier üblich, barfuß.
Ich war mir nicht sicher, ob sie zu unserer Verabredung kommen würde.
Wir hatten am Vorabend darüber gesprochen, als ich mir erlaubte, sie zu fragen, ob sie es schon einmal gemacht habe. Sie hatte mir lachend mit einem gedehnten, prononcierten Nein geantwortet und dabei die Augen weit aufgerissen.
Sie meinte, sie sei zu ängstlich dafür. Man habe es ihr schon öfter vorgeschlagen, aber sie habe die Einladung jedes Mal abgelehnt. Mit einem Anflug von Stolz betonte sie dann jedoch, dass ihre Schwägerin es schon einmal versucht habe, nicht hier in **Bairiki**, sondern in Neuseeland, wohin sie vor einigen Jahren mit einer Tante gereist sei.
Nachdem sie zunächst gezögert hatte, gelang es mir dann aber doch, sie davon zu überzeugen, dass es mit mir an ihrer Seite einfacher wäre, dass es keinen Anlass zur Sorge gäbe.
Und da sind wir nun: Arm in Arm wie zwei alte Freundinnen, in einem Einkaufszentrum mit der Ästhetik des Unfertigen, in dem das Kinderlachen in den vielen Hohlräumen widerhallt. Wir stehen vor der Rolltreppe, die erst vor ein paar Monaten eingebaut wurde, der einzigen, die es auf den 33 Inseln von Kiribati gibt. Um uns herum ein paar Kinder, die sich einen Spaß daraus machen, mit diesem fahrbaren Ding rauf- und runterzufahren, als sei es ein Karussell in einem Vergnügungspark.
Ich zähle bis drei und schleife sie dann auf diese in die Höhe fahrenden acht Meter, die sie so nervös machen. Sie hält mit weit aufgerissenem Mund den Atem an. Mit weichen Beinen und lang gestrecktem Hals versucht sie, einen Blick auf das nächste Stockwerk zu werfen, um zu sehen, was sich in diesen Monaten verändert hat.
Ich schiebe und stütze sie bis ganz nach oben. Sie lacht erleichtert.
Noch ist ihr nicht bewusst, dass sie nun wieder hinuntermuss ...

Vorhandene Elemente und Strukturen: 1. Zisterne – 3. Sitzbank – 4. Bankautomat – 6. Rolltreppe – 12. Brücke – 14. Landebahn

Nicht vorhandene Elemente und Strukturen: 2. Briefkasten – 5. Windrad – 7. Aufzug – 8. Trinkwasserbrunnen – 9. Ampel – 10. Öffentliche Uhr – 11. Straßenlaterne – 13. Riesenrad – 15. Eisenbahn

Eine Frage des Vokabulars

Süd-Tarawa, 1. November, 14.30 Uhr

Das Atoll Tarawa, das auch Süd-Tarawa, die Hauptstadt von Kiribati, umfasst, gilt als Zentrum des Landes. Alle anderen Inseln werden allgemein als outer islands *bezeichnet.*

»Unsere Aufgabe besteht darin, den Leuten ein Gemeinschaftsgefühl zu vermitteln«, erklärt uns die meistgehörte Stimme des Landes. Wir befinden uns am Sitz des staatlichen Rundfunks in Bairiki, dem beliebtesten Informationsmedium der Bevölkerung. Ihm ist es zu verdanken, dass sich die Menschen weniger isoliert fühlen, dass sie – Tausende Kilometer voneinander entfernt – gemeinsam lachen, lernen, beten können. Mir fallen die Wohnungen ein, die ich auf den **outer islands** gesehen habe, wo man, eingeklemmt zwischen den Balken des Dachstuhls, überall ein Radio finden konnte – und all diese Radios liefen während der kurzen täglichen Sendezeit gleichzeitig ...

Die beiden Ansagerinnen sind ein ungewöhnliches Paar: Die ältere, die kurz vor der Pensionierung steht, ist groß und sieht aus dem Fenster, während sie spricht und dabei das gesamte Repertoire der den Insulanern eigenen nonverbalen Ausdrucksformen einsetzt. Die jüngere, schweigsamere ist schmächtig, trägt eine Brille und fixiert den Computerbildschirm. Gemeinsam mit uns gehen sie den Sendeplan für den heutigen Tag durch. Dabei werden ausführliche Beiträge zu wichtigen Themen, wie dem Bildungssystem und der Verbreitung von Aids, durch heimische, englische oder indische Musikstücke unterbrochen. Auf meine Frage, ob man auch Beiträge sendet, die für den Klimawandel sensibilisieren, antworten die beiden brüsk, es habe keinen Sinn, die Menschen außerhalb von Tarawa, die von der ganzen Sache noch keine Ahnung haben, zu beunruhigen. Es existiere noch nicht einmal ein Wort für dieses Phänomen. Ob man mittels des Rundfunks versucht, etwas gegen die durch die Fäkalien der Bewohner verursachte Verschmutzung des Meeres zu tun? Die Ältere sieht uns an. »Daran denke ich nicht einmal. Es ist schließlich unser gutes Recht, unser Geschäft im Meer zu erledigen.« Und wieder verweist sie auf den Wortschatz: »Zur Toilette gehen bedeutet in unserer Sprache ans Meer gehen.«

Abb. 1

a b E i k M n ng O R t u w

Abb. 2

Christmas Island
Kiritimati

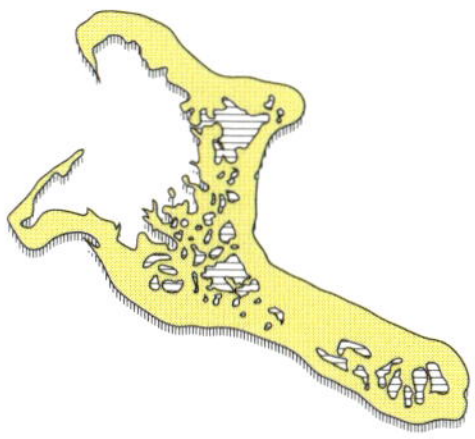

/ˈkrɪsməs/

donuts
tonati

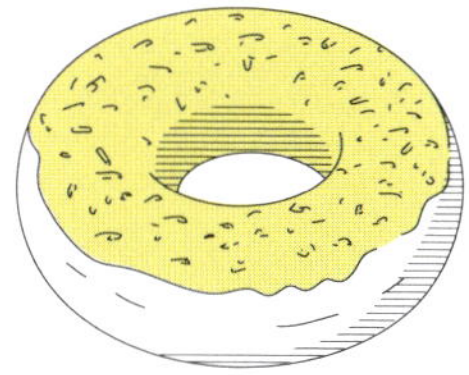

/ˈdəʊnʌt/

London
Ronton

/ˈlʌndən/

house
auti

/haʊs/

paper
bebwa

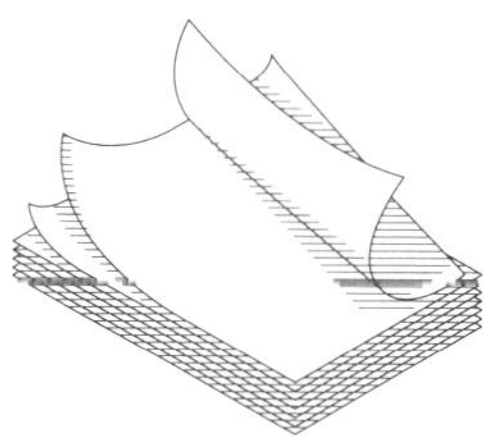

/ˈpeɪpə^{r}/

Japan
Tiaban

/dʒəˈpæn/

Abb. 1 Das Alphabet: Bis zur Ankunft der christlichen Missionare und der Bibelübersetzung im Jahr 1856 kannte man in Kiribati keine Schriftsprache. Das Alphabet besteht lediglich aus 13 Buchstaben.
Abb. 2 Die Aussprache: Die blauen Buchstaben, Di- oder Trigrafe, werden wie die in Rot gesetzten englischen Entsprechungen ausgesprochen – ein Zeichen für den allmählichen Eingang zahlreicher Vokabeln aus der angelsächsischen Kultur in die Landessprache.

Isoliert und doch verbunden

Süd-Tarawa, 7. November, 16.30 Uhr

»30 Minuten kosten einen Dollar«, sagt sie. Ich gebe ihr eine Zehndollarnote. Widerwillig erhebt sie sich von ihrem Stuhl, um Wechselgeld zu holen. Während ich warte, lasse ich mich vom Luftzug des Ventilators abkühlen, der auf den Platz der Kassiererin gerichtet ist. Die etwa 20 verstaubten Computer in dem Raum bieten vielen Menschen die Möglichkeit, eine imaginäre Brücke zum Rest der Welt zu schlagen, und sei es nur für eine Viertelstunde. Die junge Frau kommt zurück, schreibt eine Nummer auf ein Stückchen Papier und gibt es mir. Ich setze mich an den einzigen freien Platz und warte darauf, dass der Computer hochfährt. In Anbetracht seines Alters muss ich mich mit Geduld wappnen. Gestern Nachmittag haben wir bei einem Hahnenkampf ein paar Fotos gemacht. Der Besitzer des siegreichen Hahns hat uns gebeten, ihm einige Bilder zu schicken, damit er sie auf seiner Facebook-Seite teilen kann. Da er keinen PC besitzt, ist dies für ihn die einzige Möglichkeit, sich dieses Andenken zu bewahren. Daher bin ich hier.
Ich lade die Fotos hoch und sehe mich um. Linker Hand sitzt eine Praktikantin aus Australien, außer mir die einzige Ausländerin. Sie nimmt die Kopfhörer ab und erklärt mit strahlender Miene, dass sie Tarawa endlich verlassen könne, um sich einem neuen Projekt zuzuwenden. Zu meiner Rechten sitzt ein schon etwas älterer Mann mit Brille. Er wirkt elegant und gebildet und liest aufmerksam einen religiösen Text, wie mein verstohlener Blick auf seinen Bildschirm erkennt. Ansonsten sind hier nur Jugendliche mit Schultaschen, die sich nach Schulschluss noch ein paar Minuten zerstreuen. Einer sieht sich ein Unterhaltungsvideo an, ein anderer schreibt mit flinken Fingern eine SMS, und ein Mädchen träumt von Kleidern, wie man sie hier vermutlich nie sehen wird. Die Fotos wurden versendet, teilt mir das System mit. Es ist an der Zeit, den Platz für jemand anderen frei zu machen.

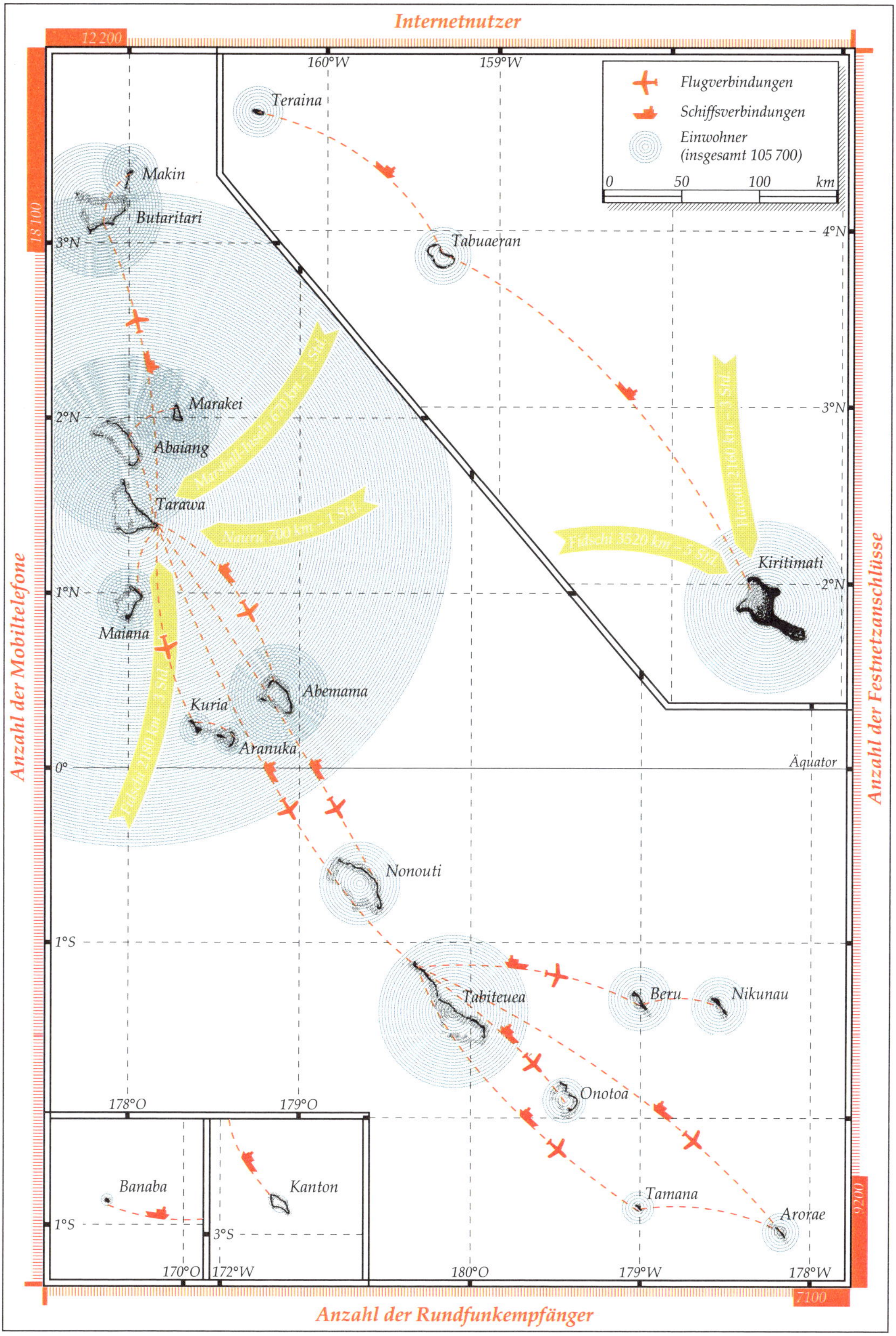
Internetnutzer
12 200
Anzahl der Mobiltelefone
18 100
Anzahl der Festnetzanschlüsse
9200
Anzahl der Rundfunkempfänger
7100
Flugverbindungen
Schiffsverbindungen
Einwohner
(insgesamt 105 700)
0
50
100
km
160°W
159°W
4°N
3°N
2°N
1°N
0°
1°S
3°S
Äquator
178°O
179°O
180°O
179°W
178°W
170°O
172°W
Teraina
Tabuaeran
Kiritimati
Makin
Butaritari
Marakei
Abaiang
Tarawa
Maiana
Kuria
Abemama
Aranuka
Nonouti
Tabiteuea
Beru
Nikunau
Onotoa
Tamana
Arorae
Banaba
Kanton
Marshall-Inseln 670 km – 1 Std
Nauru 700 km – 1 Std
Fidschi 2180 km – 3 Std
Fidschi 3520 km – 5 Std
Hawaii 2160 km – 3 Std

Eine Tür öffnet sich einen Spaltbreit

Nord-Tarawa, 18. November, 11.30 Uhr

Wir sind in Nord-Tarawa. Am Vortag, auf dem Weg zu den Ordensschwestern des Barmherzigen Samariters, bei denen wir untergekommen sind, wurden wir überraschend von einer Familie zum Essen eingeladen. Da es bereits dunkel wurde und wir befürchteten, den Weg nach Hause nicht mehr zu finden, haben wir das Treffen auf den nächsten Morgen verschoben. Und da sind wir nun.

Die Frau des Hauses empfängt uns mit einem Lächeln. Die Kinder seien noch in der Schule, erklärt sie bedauernd, und ihr Mann sei beim Fischen, müsste aber bald zurückkommen. Auf einer Matte unter einem Moskitonetz liegt eine alte Frau, ihre Schwiegermutter. Sie ist taub und kann uns deshalb nicht hören. Überraschenderweise scheint unserer Gastgeberin das Englischsprechen sehr leicht zu fallen. Wir wollen den Grund wissen und öffnen damit ein Türchen zu ihrer Vergangenheit. Sie ist eine gebildete Frau und hat als chirurgische Assistentin in einem Krankenhaus gearbeitet. Nach ihrer Heirat verlangte ihre Schwiegermutter, dass sie ihre Arbeit aufgibt. Sie zogen von Süd- nach Nord-Tarawa, von wo seine Eltern stammten. Es ist Jahre her, seit sie das letzte Mal im Süden gewesen sei, sagt sie, mit Heimweh in ihrer Stimme. Und dabei sind es Luftlinie nicht einmal 20 Kilometer, fügt sie hinzu, so als würde sie sich zum ersten Mal der absurden Isolation der vergangenen Jahre bewusst.

Wir werden vom Motorengeräusch eines Bootes unterbrochen, das sich von der Lagune her nähert. Es ist der Hausherr, der mit einem Eimer voll Fische zurückkehrt.

Die Hausfrau erhebt sich und beginnt in der Küche zu hantieren. Sie sucht meinen Blick, so als wollte sie mir als Frau etwas signalisieren. Doch das wurde mir erst später klar, als sich dieses Türchen gerade wieder schloss. Wie eine Lawine überrollt uns der lebhafte Bericht über den erfolgreichen Vormittag und die reiche Ausbeute. Die Stimme der Frau hören wir nur noch selten, und sie spricht jetzt auch nicht mehr Englisch, sondern die lokale Sprache.

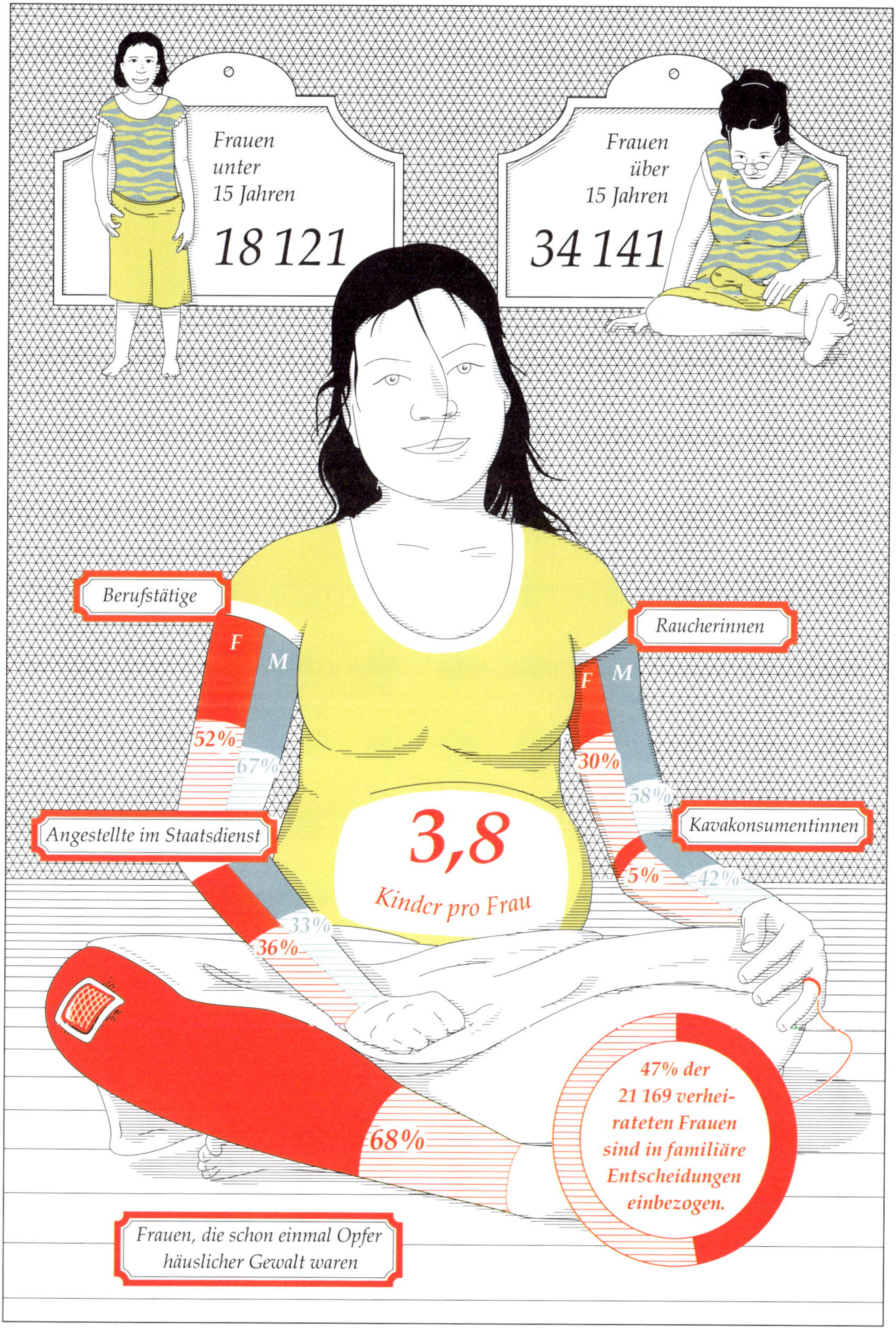
Frauen unter 15 Jahren
18 121
Frauen über 15 Jahren
34 141
Berufstätige
F
M
52%
67%
Raucherinnen
F
M
30%
58%
Angestellte im Staatsdienst
3,8
Kinder pro Frau
Kavakonsumentinnen
5%
42%
33%
36%
68%
47% der 21 169 verheirateten Frauen sind in familiäre Entscheidungen einbezogen.
Frauen, die schon einmal Opfer häuslicher Gewalt waren

Regel Nr. 1

Süd-Tarawa, 19. November, 16.30 Uhr

Eine Menschenmenge drängt sich vor dem Portal einer in Bonbonrosa gestrichenen Kirche. 20 Meter entfernt, neben der Straße, tanzt eine Frau wild im Rhythmus einer Tanzmusik. Sie ist schweißgebadet und lächelt mit einem fast zahnlosen Mund. Etliche Autos fahren heran, aus denen ihr ein paar Münzen zugeworfen werden. Die Frau bedankt sich und fährt unerschütterlich fort, beinahe taumelnd die Hüften zu schwingen. Wir gehen die vier Stufen zum Portal hinauf und werden vom metallischen Klang eines Lautsprechers empfangen, aus dem irgendeine monotone Aufzählung ertönt. Als man uns kleine Zettel mit verschiedenen Zahlenkombinationen und einen Filzstift überreicht und dafür fünf Dollar verlangt, wird uns klar, dass es sich hier um eine der äußerst beliebten Bingo-Veranstaltungen handelt. Wir suchen uns ein freies Plätzchen auf dem Boden unter dem Bogengang. Um uns herum lauter Frauen mit gezückten Stiften über Stapel kleiner, zerknitterter Tabellen gebeugt. Eine junge Frau neben uns bietet sich als Dolmetscherin an und sagt uns auf Englisch alle Zahlen an, die gezogen wurden. 5, 12, 74 ... Das Glück scheint uns heute nicht gewogen zu sein. 52, 2, 21 ... immer weiter tönt die Litanei aus dem Lautsprecher. Plötzlich ruft eine Frau irgendetwas. Sie hat eine ganze Reihe richtig und den 2. Preis gewonnen. Die Ziehung geht weiter, wieder eine Handvoll Zahlen und ... die Sitzung ist zu Ende. Sofort erheben sich alle, um sich die Beine zu vertreten. Eine freudestrahlende Frau, die den ganzen Coupon richtig ausgefüllt hat, nimmt den 1. Preis – 30 Dollar – entgegen. Das entspricht dem Tagesgehalt eines Angestellten der mittleren bis gehobenen Gehaltsklasse. Als sie unsere Enttäuschung bemerkt, stellt uns die Dolmetscherin eine überraschende Frage: »Habt ihr Brotfrüchte gegessen, bevor ihr hierhergekommen seid?« Wir nicken. »Da haben wir's!«, sagt sie im Brustton der Überzeugung. »Regel Nr. 1 beim Bingo: Vor dem Spielen niemals Brotfrüchte essen.«
Gut zu wissen ...

DAS SPIEL
Es besteht jeden Tag die Möglichkeit, Bingo zu spielen. ♦ Die Coupons werden üblicherweise gewaschen und wiederverwendet. ♦ Die Zahlen werden häufig mittels Computer gezogen. ♦ In vielen Gemeinden dient das Bingospielen der Beschaffung von Geldern für die Kirche.
24
24
An Ausschüttungswochenenden (alle zwei Wochen) ist der Zulauf größer.
Mehr als 90% der regelmäßigen Spieler sind weiblich.
Ein Spiel kostet im Durchschnitt 5–10 AUD.
Die Gewinnsumme, die mehr als 600 AUD betragen kann, ist höher als das Durchschnittseinkommen vieler Menschen.
VEN
15

Mit Fantasie allein ist es nicht getan

Süd-Tarawa, 20. November, 9.20 Uhr

Der Frangipani-Strauch – Plumeria *– ist in den meisten tropischen Ländern heimisch. Aus den Blüten, die einen außerordentlich intensiven Duft verströmen, werden gern Kränze geflochten oder man verwendet sie für Essenzen.*

Im Februar 2015 gab es unter den 20- bis 50-Jährigen gut 3000 Fälle von chikungunya, *einer Viruserkrankung, die durch die Gelbfieber- und die Asiatische Tigermücke übertragen wird. Davon betroffen waren vor allem die Bewohner der Insel Betio, einem der am dichtesten besiedelten Gebiete der Welt.*

Vorsichtig und im Zeitlupentempo öffnet er die Gittertür zu dem Haus, in dem wir logieren. Er zeigt auf den **Frangipani**-Strauch in der Mitte des Hofes und bittet darum, die Blüten pflücken zu dürfen. In zwei Minuten hat er den mitgebrachten Beutel gefüllt. Er bedankt sich und fährt eilig mit einem klapprigen Fahrrad davon. Wir fragen uns, was er mit diesen Blüten anfangen kann. Denn es ist nicht das erste Mal, dass man uns einen solchen Besuch abstattet. Einige Tage zuvor sind zwei kleine Brüder, Hand in Hand, vorbeigekommen, die andere Blüten für ihre an **chikungunya** erkrankte Mutter brauchten.

Unsere Gedanken wandern wieder zu dem jungen Mann, der gerade gegangen ist, und wir entscheiden uns für eine schönere Geschichte. Zu bunten Kränzen geflochten, werden die Blüten gern bei Feiern verteilt. Vielleicht hat ihn ja seine Mutter geschickt, um gleich für das ganze Viertel duftende Blüten für ein Fest zu holen.

Wäre er einen Augenblick länger geblieben, hätten wir ihn um Rat fragen können. Denn wir sind zu einem Begräbnis eingeladen und haben nach einigen Nachforschungen herausgefunden, dass es sich gehört, zu diesem Anlass ein Blütenarrangement mitzubringen. Wir haben uns umgehört, wo man so etwas kaufen kann, haben jedoch immer wieder die gleiche Auskunft erhalten: Die Blüten sammelt man auf der Straße, und zum Flechten bedarf es nur einer einzigen weiteren Zutat – der Fantasie. Hier ist man es gewohnt, bei allem aus der Natur zu schöpfen. Das ganze Leben der Menschen ist mit der Landschaft verbunden, die sie umgibt. Die Blüten für das Begräbnis haben wir inzwischen zwar gefunden, was in Süd-Tarawa, wo viele grüne Fleckchen aufgrund der Übervölkerung verschwunden sind, keineswegs einfach war. Jetzt bräuchten wir allerdings noch einen Intensivkurs, um zu lernen, wie man daraus kunstvolle Kränze, Zöpfe und Figuren flicht. Mit Fantasie allein ist es eben nicht immer getan.

Die häufigsten Blumen und Blüten: 1. *Te nika matutu,* Sophora tomentosa (gelb) – 2. *Te meria,* Plumeria obtusa (weiß) – 3. *Te akanta,* Bougainvillea (rosa) – 4. *Te kanawa,* Cordia subcordata (dunkelorange) – 5. *Te katiru,* Ixora casei Hance (rot) – 6. *Te uri,* Guettarda speciosa (weiß) – 7. *Nei karairai,* Tecoma stans (gelb) – 8. *Te meria,* Plumeria rubra (rot)

TEITERA

Blütenkranz, den man Gästen schenkt

TETEI

Blütenkranz für den traditionellen Tanz

Das Grab

Süd-Tarawa, 21. November, 9.00 Uhr

Der Pflanzensaft der Palmblüte, der karewe, *wird in Flaschen aufgefangen und gekocht. Frisch gekocht, enthält der außerordentlich süße Saft, den man auf diese Weise gewinnt, keinen Alkohol. Durch die natürliche Fermentation, die bereits nach zwei Stunden einsetzt, wird daraus ein niedrigprozentiges alkoholisches Getränk.*

Es ist neun Uhr morgens. Wir sitzen beim Frühstück, und um uns herum herrscht wie üblich geschäftiges Treiben. Eine Frau muss **karewe** kochen, eine andere bereitet Fische vor, die nächste kehrt das Laub im Garten zusammen, und dabei unterhalten sie sich lautstark von Haus zu Haus.

20 Meter von uns entfernt vor dem Nachbarhaus, ganz in der Nähe des Brunnens, jenseits der *bwuia,* heben vier Männer ein Grab aus. Am Nachmittag soll dort eine Cousine beerdigt werden, die am Morgen des Vortags infolge einer Krankheit gestorben ist, durch die sie seit Jahren gelähmt ans Bett gefesselt war. Nachdem sie eine Weile gegraben haben, beobachten wir, wie sie aus der Erde ein verschmutztes Stoffbündel zutage fördern. Wir ahnen, um was es sich dabei handelt. Es sind die Überreste der Mutter des Hauseigentümers, die hier vor zwölf Jahren begraben wurde. Er nutzt die Gelegenheit, um die Gebeine zu säubern und mit Kokosöl einzureiben, um sie später neben der gerade Verstorbenen erneut zu beerdigen. Wir dürften ruhig bleiben, erklärt er uns, das sei überhaupt kein Problem. Der Mann wäscht die Knochen der Mutter, einen nach dem anderen, in einer Schüssel sorgfältig ab. Die anderen sehen schweigend dabei zu, wie sich das Wasser von Minute zu Minute dunkler färbt. Ein siebenjähriges Mädchen, höchstwahrscheinlich seine Tochter, bringt ein sauberes Tuch, auf das er die gewaschenen Knochen legt. Danach reibt er sie mit Öl ein und tut dies mit einem solchen Zartgefühl, als würde er sie liebkosen.

Er sieht mich lachend an und zeigt dabei seine ebenmäßigen weißen Zähne, die zu der sonnengebräunten Haut kontrastieren. Er fühle sich glücklich, dies sei für ihn ein Moment eines großen inneren Friedens. Dass er mit dieser Geste noch einmal etwas für seine Mutter tun könne, gäbe ihm ein gutes Gefühl, gesteht er uns. »Hier bei uns kümmert man sich auch um die Toten«, schließt er und faltet dabei behutsam das Tuch zusammen.

Regen
0 m
-10 m
wasserführende Schicht
-20 m
-30 m
Salzwasser
0 m
Schwermetalle
-1
organische Abwässer
Kalkboden
aliphatische Amine
Öle
-2
Krankheitserreger
Phosphine
Plastik
Mercaptane
-3
Schwefelsäure
Süßwasser

Lachen ist gut für die Verdauung

Süd-Tarawa, 25. November, 13.45 Uhr

Wir sind die einzigen *I-Matang,* die man an diesem besonderen Tag eingeladen hat. Er hat bereits am frühen Morgen begonnen und wird bis spät in die Nacht dauern.
Es werden mindestens 100 Personen erwartet, die, auf einer Veranda im Schneidersitz auf Palmenblättermatten sitzend, schweigend das Essen einnehmen werden. Auf einem mehr als sechs Meter langen Tisch sind Schüsseln mit Fisch, Muscheln, einer Art Gulasch, *bwabwai,* Papayas, Brotfrüchten, Reis und Haifischstücken aufgereiht. Drei junge Mädchen, die mit einem Fächer die Fliegen von den Speisen vertreiben, beobachten uns und lächeln jedes Mal beifällig, wenn wir eine neue Speise probieren. Eine Frau, die Englisch spricht, nimmt neben uns Platz und zeigt uns die Kinder der Verstorbenen. Es sind alles junge Männer unter 30. Sie lachen. Einige von ihnen spielen Volleyball. Die Frau erklärt uns, sie seien glücklich über ihr Wiedersehen, denn einer der Söhne lebe in Neuseeland und sei einige Jahre nicht zu Hause gewesen. Nach dem Essen gehen wir in das Zimmer, in dem die mit einem weißen Stoff zugedeckte und mit bunten Blüten verzierte Bahre steht. Sie wird von einem gerahmten Porträtfoto der Toten bewacht, auf dem das Geburts- und das Sterbedatum vermerkt sind. Hinter dem Sarg hängt ein letzter Gruß an die Verstorbene, die nur 49 Jahre alt wurde, die man hier allerdings für älter hielt. Die Gäste reihen sich entlang der Zimmerwände auf.
Der in Weiß gekleidete Gemeindechor unterbricht seinen Gesang, und ein außergewöhnlich großer Mann erhebt sich, um eine Rede zu halten. Respektvoll lassen wir unseren Fotoapparat verschwinden. Zu unserer Überraschung sind die Menschen um uns herum alles andere als niedergeschlagen. Sie kichern vergnügt und brechen nach der Rede sogar in allgemeines Gelächter aus. Wir wenden uns fragend an die Englisch sprechende Dame. »Sie haben sich gerade einen Witz erzählt«, klärt sie uns auf und fügt hinzu: »Ein schönes Lachen tut immer gut – und es ist gut für die Verdauung.«

ABLAUF
Entgegennahme der Bahre ♦ Totenwache ♦
Festmahl ♦ Trauerreden ♦ Chorgesang und Gebete ♦
Bestattung ♦ Exhumierung der sterblichen Überreste ♦
Einbalsamieren der Knochen
Der Leichnam wird in Tücher und Matten aus Schraubenbaumblättern gewickelt.
Der Verstorbene wird in der Regel auf dem eigenen Grundstück bestattet.
Es ist Brauch, die Knochen verstorbener Angehöriger einige Jahre nach dem Begräbnis einzubalsamieren.

Der Zauber

Süd-Tarawa, 27. November, 17.30 Uhr

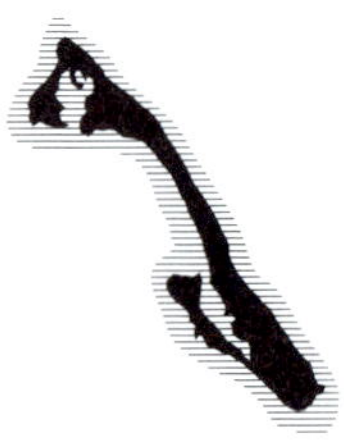

1°19'00" S; 175°58'00" O
Beru unterscheidet sich durch eine Besonderheit von den übrigen Atollen, da sich am südlichen Ende der Insel ein See befindet, der reich an genießbaren Algen ist. In der Regenzeit findet man dort außerdem sehr viele Fische, insbesondere Milchfische.

Eingezwängt wie Sardinen sitzen wir in einem Transporter, der als öffentliches Verkehrsmittel genutzt wird. Zu unserer Rechten eine Mutter, die aus dem Fenster sieht und ihr Kind im Arm hält, das einen rosa Bonbon lutscht und uns interessiert betrachtet. Fünf Jugendliche mit Schultaschen steigen zu, gefolgt von einer etwas pummeligen, etwa 60-jährigen Frau, die geräuschvoll eine Cola trinkt. Eine ganze Reihe von Schülern schafft es nicht mehr, in den Transporter einzusteigen. Sie werden lange warten müssen, denn da unter 16-Jährige keinen Fahrschein lösen müssen, halten die Fahrer ihretwegen kaum an.

Die Frau setzt sich auf den Platz links neben uns und beginnt sofort auf uns einzureden. Im Hintergrund hört man die Schüler lachen, die sich über ihr Temperament lustig machen. Sie beginnt, ihre Geschichte zu erzählen. Mit 18 Jahren hat sie einen Mann geheiratet, der wie sie von der Insel **Beru** stammte, und bekam sieben Kinder, von denen zwei bereits vor ihrem zehnten Lebensjahr gestorben sind. Ein Sohn fiel von einer Kokospalme und ein anderer starb an der Ruhr. Sie spricht völlig gelassen darüber, als gehörten solche Tragödien ganz selbstverständlich zum Leben. Dann wechselt sie plötzlich das Thema und erzählt, wie die Ehe mit ihrem Mann zustande kam, die nun schon seit mehr als 40 Jahren besteht. Die beiden waren noch relativ kleine Kinder, da überholte er sie eines Tages mit einer Gruppe von Klassenkameraden und schnitt ihr eine Grimasse. Ihr ging diese Kränkung nicht aus dem Kopf, sodass sie am nächsten Tag zu ihrer Urgroßmutter ging, die auf der Insel für ihre magischen Kräfte berühmt war. Die alte Frau wendete einen Zauber an, der bewirkte, dass der Junge ihrem Geruch nicht mehr widerstehen konnte.

Von diesem Augenblick an war er ihrem Geruch verfallen. Ich muss lächeln, wenn ich an diesen Mann denke.

Inzwischen wird er es sich wohl zweimal überlegen, bevor er eine Frau beleidigt.

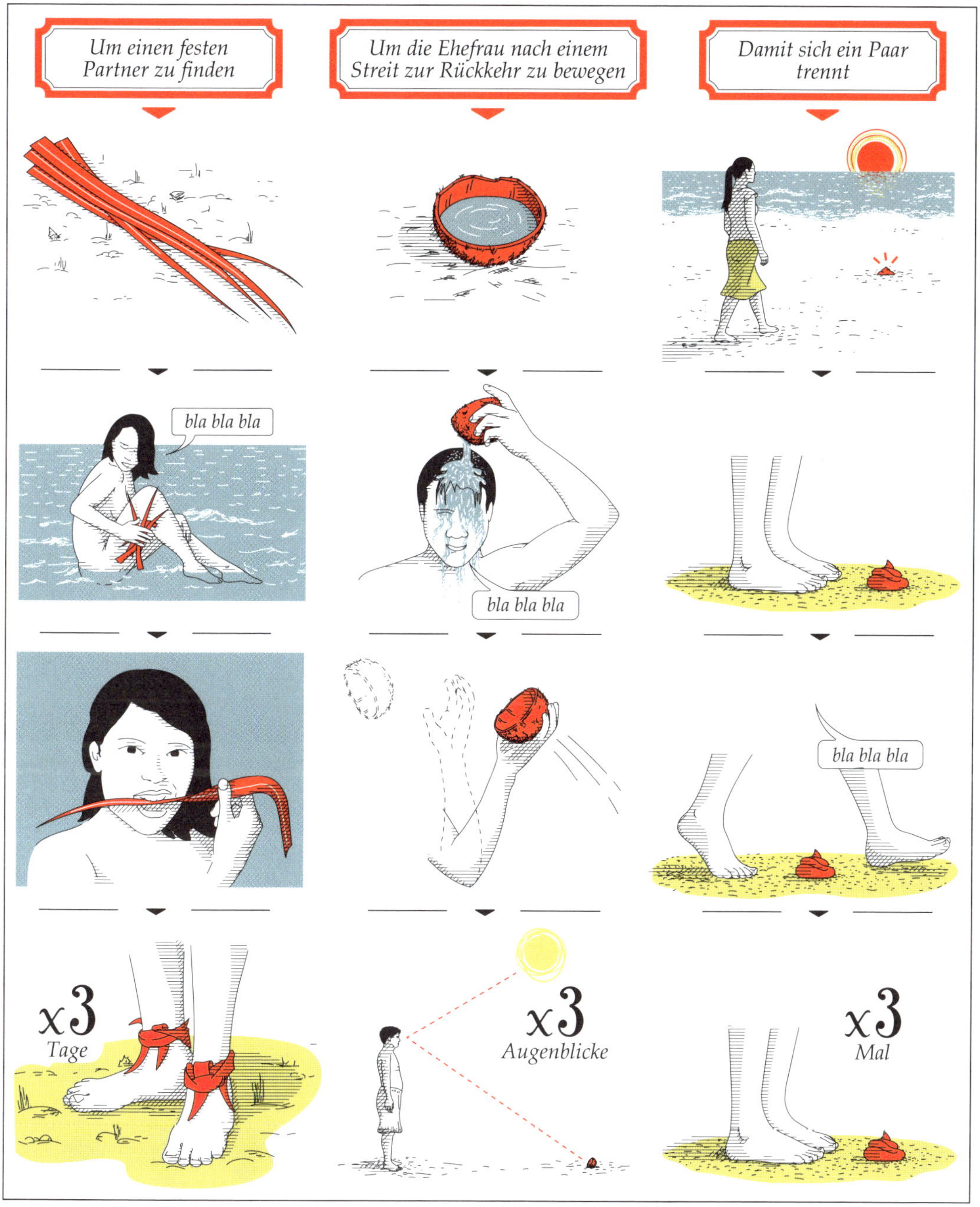

Willst du einen Partner finden, reibe ein Palmblatt zwischen den Oberschenkeln und beiße darauf. Binde es dir am vierten Tag nach Menstruationsende um den Knöchel, sprich den Zauberspruch.
Soll deine Frau nach einem Streit zurückkommen, gieße dir im Morgengrauen, am Mittag und bei Sonnenuntergang mit einer Kokosnussschale Wasser über den Kopf. Wirf sie vor dir auf den Boden und sprich den Zauberspruch. Die letzten Male muss die Schale zu dir hin zeigen.
Willst du, dass sich ein Paar trennt, suche bei Sonnenuntergang am Strand nach menschlichen Exkrementen. Bewege dreimal den linken Fuß darüber und sprich den Zauberspruch. Wiederhole dies drei Tage lang.

Familienkonstellationen

Süd-Tarawa, 30. November, 19.15 Uhr

0°09'00" N; 173°35'00" O
Aranuka, ein zentrales Atoll der Gilbert-Inseln, hat 1057 Einwohner. In manchen Gegenden, vor allem im Norden dieses Landstreifens, wachsen Mangroven, die so hoch wie Kokospalmen sind.

Ich erkundige mich, wo ihr Erstgeborener sei, der 14-Jährige, den ich seit zwei Tagen nicht mehr gesehen habe. Sie hätten ihn weggebracht, erwidert sie, und sie wisse nicht genau, wann er wiederkäme. Überrascht und verständnislos frage ich sie, wovon sie rede, und sie beginnt – leise, damit sie niemand hört – zu erzählen.
Als sie vor 15 Jahren schwanger war, wurde sie von einem Ehepaar, das seit Langem mit ihrem Schwiegervater befreundet war, gebeten, das noch ungeborene Kind adoptieren und mit nach **Aranuka** nehmen zu dürfen, von wo die beiden kamen. Sie wehrte sich mit aller Kraft dagegen, hatte sie sich dieses Kind doch so sehr gewünscht und neun Monate in ihrem Bauch getragen. Dennoch akzeptierte sie, dass die beiden für sie Fremden Adoptivgroßeltern wurden, den Namen aussuchten, über seine Erziehung bestimmten und so zu Bezugspersonen des Kindes wurden. In den folgenden Jahren besuchten sie ihn regelmäßig, machten ihm Geschenke, verwöhnten ihn und erwarben sich so seine Zuneigung.
Die Adoptivgroßmutter sei vor Kurzem verstorben, und der Mann, der nun Witwer ist, sei vorübergehend nach Tarawa zurückgekehrt, um die Eltern zu bitten, ihm den Jungen zur Gesellschaft und als Hilfe anzuvertrauen. Für wie lange, habe er jedoch nicht gesagt. Dies sei der Grund für die Abwesenheit des Jungen, der sich im Moment zwar noch auf der Insel befände, jedoch schon bald auf die weit entfernte Insel Aranuka umziehen, die Schule wechseln und ein neues Leben beginnen könnte.
»Ich hoffe inständig, dass er wieder nach Hause kommen darf«, gesteht sie, »aber ich beuge mich ihrem Willen.« Ihr Mann, der Vater des Jungen, der dieser Familie blind vertraue und von ihrer aufrichtigen Liebe überzeugt sei, habe dem zugestimmt.
Auf der anderen Seite sei das eine ganz normale Sache, nichts Ungewöhnliches, erklärt sie mir. Sie selbst habe zwei Adoptivschwestern und einen Bruder, der in einer anderen Familie aufgewachsen sei.

ADOPTION
Das Adoptivkind wird bei der Schuleinschreibung registriert. ♦ Die biologischen Eltern haben weiterhin Rechte gegenüber dem Kind. ♦ Bei nicht anerkannten oder registrierten Adoptionen kommt es häufig zu Erbstreitigkeiten.
Langjährige Freunde des Großvaters von Familie A
Adoptiertes Kind der Familie A
Neffe, der die Schule auf der Insel von Onkel und Tante A besucht
Familie B
Bruder der Mutter von Familie A
Adoptiertes Kind der Familie A
Unverheiratete Schwester des Vaters von Familie A
Familie C
Familie A
Sohn, der von einer Familie adoptiert wurde, die nur Töchter hat

Der Inselgeist

Süd-Tarawa, 1. Dezember, 11.00 Uhr

Eine Gruppe westlicher Touristen beobachtet uns amüsiert. Sie wissen nur zu gut, dass wir, genau wie sie, diese Geschichte bis vor ein paar Monaten kaum geglaubt hätten. Die Asphaltierarbeiten an diesem Straßenabschnitt sollten eigentlich bereits vor fast einem Jahr beginnen, wurden jedoch erst mit sechsmonatiger Verspätung aufgenommen. Schuld daran war der verdammte Regen. Anfangs sah man den Grund dafür in der geografischen Lage des Landes: Kiribati befindet sich in der innertropischen Konvergenzzone, weshalb die jährliche Niederschlagsmenge dort über dem Durchschnitt liegt.

Nach wochenlangem Abwarten verlor man die Geduld und begann mit den Vorbereitungen für die Asphaltierarbeiten. Kaum hatte der Regen länger als eine Viertelstunde aufgehört, rief der Bauleiter seine Leute zum Rapport für die ersten Vermessungen. Doch jedes Mal erlebte man die gleiche irrwitzige Überraschung: Im Sucher des Entfernungsmessers erschien eine alte Frau, die zur Hälfte von einem Baumstamm verdeckt wurde und sich in Nichts auflöste, sobald der Arbeiter den Blick abwendete, um sie seinen Kollegen zu zeigen. Gleich darauf setzte ein Wolkenbruch ein.

Eines Abends kam diese Geschichte zufällig einem ansässigen Gastwirt zu Ohren. Kopfschüttelnd erklärte er den Arbeitern, dass es sich bei der Frau um den Inselgeist handele, dem man offenbar nicht gleich nach der Ankunft gehuldigt habe.

0°56'00" N; 173°00'00" O
Auf der südlich von Tarawa gelegenen Insel Maiana leben 2100 Menschen.

Tags darauf führte er sie zu einem Heiligtum, wo sie dem Geist ihre Ehrerbietung erweisen sollten. Außerdem machte er sie mit einem *raincaller* aus **Maiana** bekannt, an den sich vor öffentlichen Ansprachen auch der Staatspräsident wendet. Skeptisch erläuterten sie dem Mann das Projekt und verwiesen auf dessen Vorteile für die gesamte Gemeinde. Es gelang ihnen, den Mann zu überzeugen, und er versprach, ihnen zu helfen. Zu ihrer grenzenlosen Überraschung hörte der Regen tatsächlich auf und auch die alte Frau erschien nicht mehr, sodass sie ihre Arbeit fortsetzen konnten.

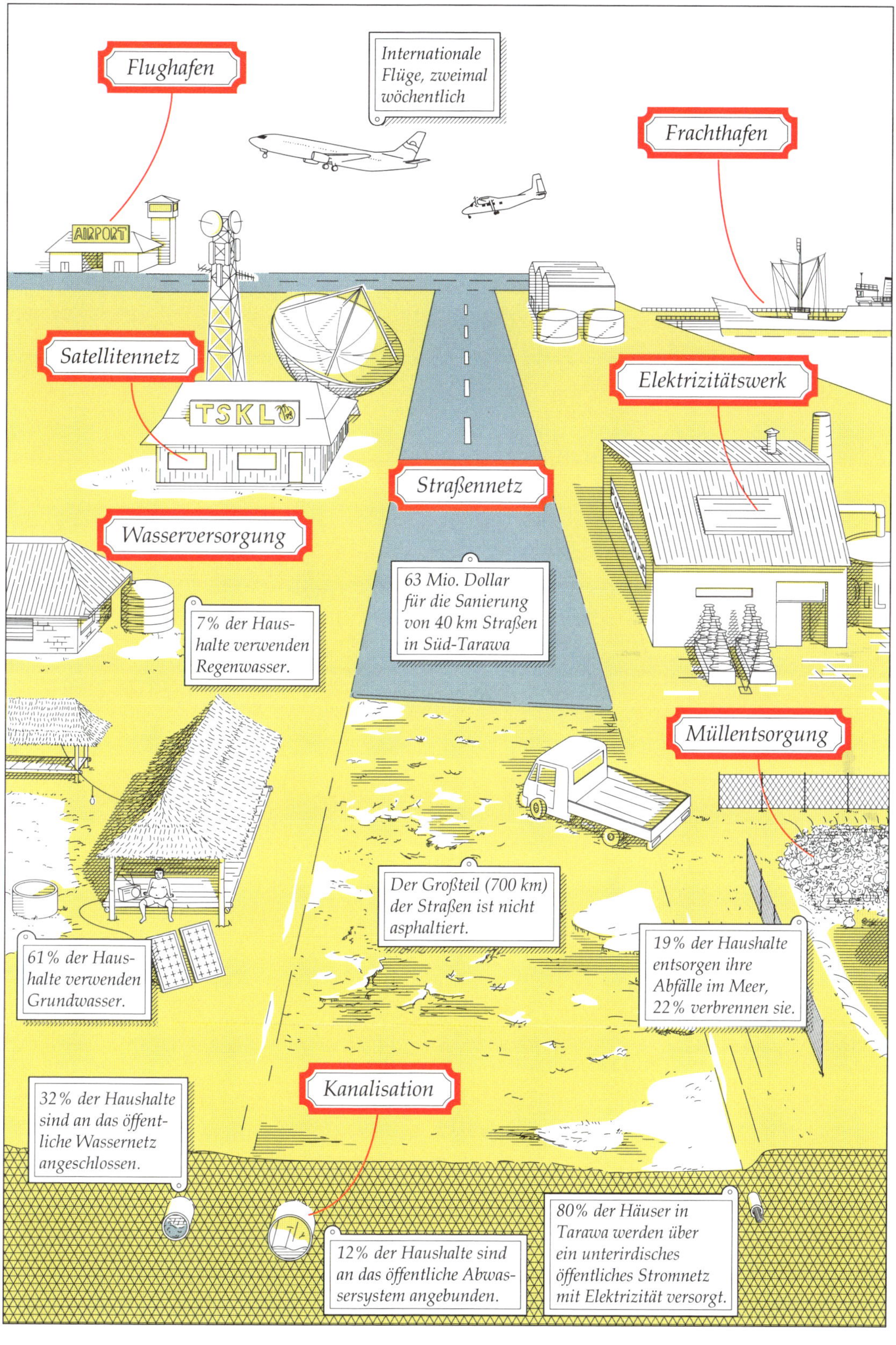
Flughafen
Internationale Flüge, zweimal wöchentlich
Frachthafen
AIRPORT
Satellitennetz
TSKL
Elektrizitätswerk
Straßennetz
Wasserversorgung
63 Mio. Dollar für die Sanierung von 40 km Straßen in Süd-Tarawa
7% der Haushalte verwenden Regenwasser.
Müllentsorgung
Der Großteil (700 km) der Straßen ist nicht asphaltiert.
61% der Haushalte verwenden Grundwasser.
19% der Haushalte entsorgen ihre Abfälle im Meer, 22% verbrennen sie.
Kanalisation
32% der Haushalte sind an das öffentliche Wassernetz angeschlossen.
12% der Haushalte sind an das öffentliche Abwassersystem angebunden.
80% der Häuser in Tarawa werden über ein unterirdisches öffentliches Stromnetz mit Elektrizität versorgt.

Eine Lehrerin und ihre vier Ehemänner

Süd-Tarawa, 2. Dezember, 17.30 Uhr

Sie lässt sich mit ihren 80 Kilo auf einen Stuhl fallen und beginnt zu reden. Ein Glas Wasser lehnt sie ab: Frauen dürften beim Sprechen weder trinken noch essen. Das gehöre sich nicht.
Wir haben sie auf dem einzigen Platz von Bairiki kennengelernt. Sie war von Anfang an sehr herzlich, wollte wissen, wo wir logieren, und versprach uns einen Kürbis aus ihrem Garten.
Und da ist sie nun, in der blauen Uniform der Lehrerinnen, außer Atem und mit einem großen grünen Kürbis in der Hand.
Ihr Mann erwarte sie erst zum Abendessen, sagt sie. Deshalb habe sie Zeit, uns Gesellschaft zu leisten. »Mein vierter Mann«, fügt sie hinzu, und damit beginnt ein ausführlicher Bericht über ihr Leben. Ihr erster Mann, ihre einzige wahre Liebe, starb 1987 völlig unerwartet mit 30 Jahren und ließ sie mit fünf Kindern allein zurück. Das Kleinste war gerade einmal drei Monate alt. In solchen Fällen wird der Frau als neuer Partner der nächste unverheiratete Verwandte des Mannes zur Seite gestellt. In ihrem Fall war es ein Cousin, der gerade volljährig und zehn Jahre jünger war als sie.
Es hat nicht funktioniert, erklärt sie. Er wollte die Verantwortung für eine Familie nicht übernehmen. Er habe nicht gearbeitet, sei nicht in der Lage gewesen, Entscheidungen zu treffen, und er habe sie eher wie eine große Schwester und nicht wie eine Ehefrau behandelt. Und so trennten sich die beiden wieder. Sie begegnete einem liebenswürdigen Mann, der älter war als sie und der es verstand, sie zu führen und zu beraten. Nachdem er bei ihrem Erstgeborenen die Erlaubnis eingeholt hatte, fragte er sie, ob sie mit ihm leben wolle. »Wir sind nicht verheiratet«, erklärt sie. Doch für sie ist er ein guter Mann und ein guter Freund.
Mitten im Satz hält sie inne, richtet den Blick gen Himmel und bittet um Vergebung. »Einen habe ich noch vergessen«, sagt sie lachend. Zum Glück dauerte das nur ein Jahr, denn er war sehr eifersüchtig. Er schlug sie und drohte, sie umzubringen. Ein Fußballspiel, bei dem er einen tödlichen Herzinfarkt erlitt, war ihre Rettung.

Single-Mann

In der Regel heiraten Männer mit 24 Jahren. Nur 4% der heiratsfähigen Männer sind nach dem 30. Lebensjahr noch Single.

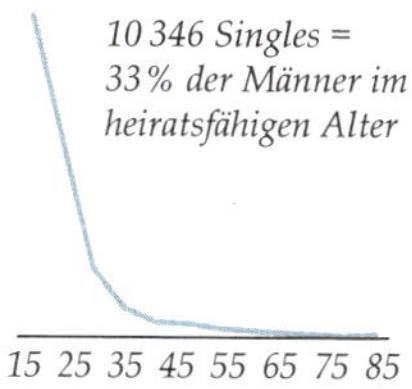

Single-Frau

Frauen heiraten in der Regel früher als Männer, etwa mit 21 Jahren. Nur 3% sind nach dem 30. Lebensjahr noch Single.

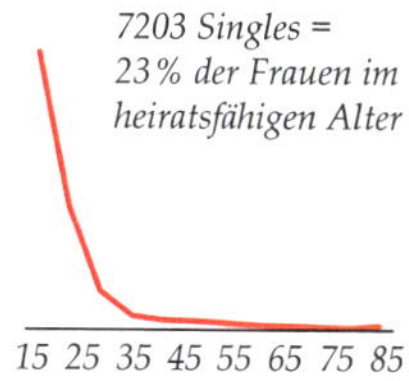

Verheiratete

Um heiraten zu können, muss man mindestens 16 Jahre alt sein. Ein Paar gilt auch dann als verheiratet, wenn die Verbindung noch nicht legitimiert oder registriert wurde. Noch immer werden Ehen gelegentlich auch arrangiert.

Geschiedene

Die Scheidung wird traditionell anerkannt, wenn sie einvernehmlich erfolgt. Geregelt ist sie in einem Gesetz von 1948. Epilepsie, Demenz und Geschlechtskrankheiten werden ebenfalls als Scheidungsgrund anerkannt.

Witwen und Witwer

Frauen in den Vierzigern sind häufiger verwitwet als gleichaltrige Männer. Denn die Männer haben eine geringere Lebenserwartung und heiraten später.

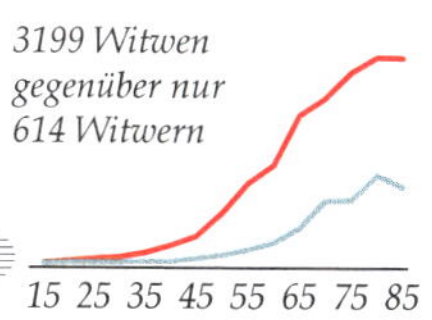

Wiederverheiratete

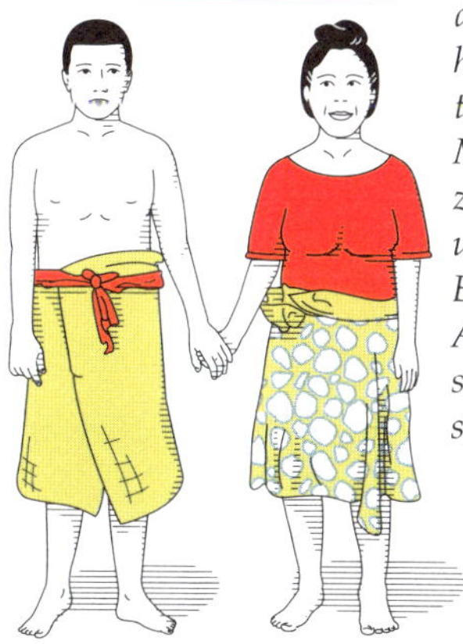

Traditionsgemäß heiratet eine Witwe den nächsten unverheirateten Verwandten ihres verstorbenen Mannes. Ehen zwischen Schwager und Schwägerin oder Ehen mit größerem Altersunterschied sind daher nicht selten.

Die Arche Noah

Süd-Tarawa, 3. Dezember, 9.30 Uhr

Sie starren uns an, als kämen wir vom Mars.
Die Augen sind weit aufgerissen, als wollten sie sich jede Szene dieses denkwürdigen Vormittags bis ins letzte Detail ins Gedächtnis einprägen. Die etwa 30 Jugendlichen im Alter von 15 und 16 Jahren tragen die schwarz-weiße Uniform mit dem blauen Schulwappen auf Brusthöhe. Die meisten von ihnen sind barfuß. Sie wedeln mit Schulheften, notfalls, um die Fliegen zu vertreiben.
Das Klassenzimmer ist ein schmaler, lang gestreckter Raum mit einem Blechdach. Die Fensterscheiben bestehen nicht aus Glas, sondern aus Gittern. Die grauen Backsteinwände sind nackt. Es gibt weder Poster noch Zeichnungen oder Karten.
Wäre da nicht die leuchtend blaue Bluse der Lehrerin, könnte man meinen, die Fotografie, die wir in Händen halten, sei eine Schwarz-Weiß-Fotografie. Wir bitten die Schüler, die Geschichte der Arche Noah neu zu interpretieren. Dabei sollen sie sich vorstellen, sie müssten in Kürze ihr Land verlassen und entscheiden, was sie aus ihrer Heimat retten wollen: Tiere, Menschen, Gegenstände, aber auch Werte, Traditionen und Bräuche. Sie arbeiten in Gruppen, und nach etwa 20 Minuten sind sie bereit, uns ihre Listen vorzulesen.
Je ein Mädchen pro Gruppe erhebt sich und berichtet nach kurzem allgemeinem Gelächter, auf was sie keinesfalls verzichten könnten.
Da wäre als Erstes das Essen. Und dann ihre Lebensweise. Die Großfamilie, die Gastfreundschaft, die egalitäre Gesellschaft, die keine sozialen Unterschiede kennt. Außerdem der Respekt gegenüber den Alten, die Achtung vor der Weisheit des Alters.
Als alle Listen verlesen sind, hebt ein Mädchen, das hinten sitzt, die Hand. Sie hat eine Frage an uns. Sie hätte gern eine Beschreibung unseres typischen Tagesablaufs. Sie möchte wissen, wie die Menschen auf der anderen Seite des Globus leben, und was wir auf unsere Arche Noah mitnehmen würden. Wir beantworten ihre Fragen, und nun sind nicht mehr nur ihre Augen, sondern auch ihre Münder weit offen.

94
Grundschule
24
Sekundarstufe I
16
Sekundarstufe II
4
Universität
Anzahl der Schüler
Anzahl der Lehrer
15 458
628
6964
331
4550
268
3000
M
F
6 Jahre
3 Jahre
4 Jahre
Berufstätigkeit
43%
27%
16%
14%
Schule
15 Min.
30 Min.
45 Min.
1 km
2 km
3 km
Schulwegzeiten der Grundschüler

Glossar

A

Armut

Einer Studie von 2010 zufolge sind gut 66 % der Bewohner Kiribatis bedürftig oder leben an der Armutsgrenze. Zum Überleben benötigt man im Durchschnitt 16 Australische Dollar pro Kopf. In Süd-Tarawa liegen die Lebenshaltungskosten sogar bei 24 Dollar.

B

Bekleidung

Es schickt sich weder für Frauen noch für Männer, den nackten Oberkörper zu zeigen. Auch vom Nabel bis zu den Knien sollte der Körper bedeckt sein. Deshalb tragen Männer wie Frauen häufig eine lavalava, *eine Art Pareo aus farbigem Stoff, der um die Taille gebunden wird. Für offizielle Anlässe gibt es formellere Varianten, im kirchlichen Rahmen werden weiße* lavalavas *getragen. Die* tiibuta *ist eine Art T-Shirt, das im 19. Jahrhundert von den Missionsschwestern eingeführt wurde. Das kittelartige Kleidungsstück mit sichtbaren Nähten und Kräuselungen wird gern mit Stickereien, Sinnsprüchen oder den Namen nahestehender Menschen verziert, um es individuell zu gestalten. Schuhe zu tragen empfinden die meisten als außerordentlich unbequem. Deshalb läuft man in der Regel barfuß oder trägt bestenfalls Dianetten. Traditionelle Trachten werden nur bei großen Festen und Feiern getragen. Zu diesen typischen traditionellen Kleidungsstücken zählt etwa* te riri, *ein Rock aus Palmblättern, der von Tänzerinnen getragen wird.*

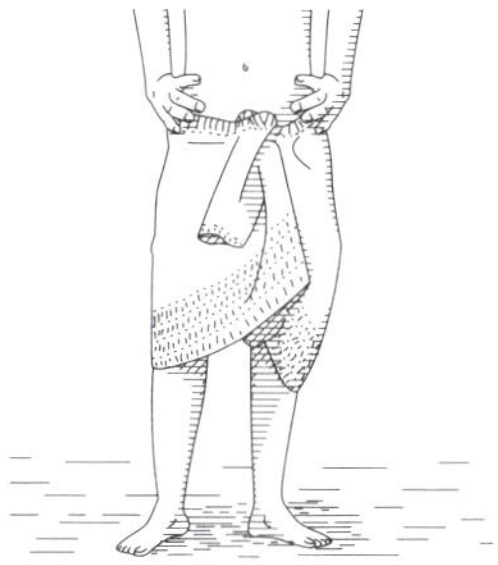

Lavalava

Tiibuta

Berg (maunga)

Berge gibt es in Kiribati nicht. Die höchste Erhebung, mit Ausnahme von Banaba, liegt drei Meter über dem Meeresspiegel.
Das Wort »maunga«, das ursprünglich »hoch« bedeutete, erhielt, als man im Zuge der Bibelübersetzung nach einem Wort für Berg suchte, auch diese Bedeutung.
Das Parlament von Kiribati wird Maungatabu *– heiliger Berg – genannt.*

Beschäftigung

Von den 39 034 arbeitsfähigen Personen (über 15 Jahre, ohne Hausfrauen, Schüler, Studenten, Kranke und Behinderte) sind lediglich 27 096 (davon 57 % Männer) fest angestellt. Die übrigen sind arbeitslos, leben von Unterstützung und verdienen sich ein Zubrot mit Hilfstätigkeiten im Haushalt.

Bevölkerung

Junge Menschen machen den überwiegenden Anteil der Bevölkerung aus (das Durchschnittsalter liegt bei 23 Jahren). 36 % sind jünger als 15 Jahre, 5 % sind älter als 60 Jahre.
Das Land erlebt derzeit eine Bevölkerungsexplosion, sodass sich die Bevölkerungszahl in einigen Jahrzehnten verdoppelt haben wird. 2010 verzeichnete man rund 2000 Geburten, denen etwa 500 Todesfälle gegenüberstanden.

In Süd-Tarawa, wo etwa die Hälfte der Gesamtbevölkerung lebt, liegt die durchschnittliche Bevölkerungsdichte bei 3184 Einwohnern pro km². Damit ist die Insel einer der am dichtesten bevölkerten Landstriche der Erde.

Bildung

Die Schullaufbahn dauert im Durchschnitt 13 Jahre: sechs Jahre Grundschule, drei Jahre in der Sekundarstufe I und vier Jahre in der Sekundarstufe II. Nicht alle Inseln verfügen über eine höhere Schule. In diesen Fällen müssen die Schüler, unter Umständen sogar als Adoptivkinder von Verwandten oder Freunden, auf andere Inseln umziehen. Das Pendeln ist nicht praktikabel, da selbst Entfernungen, die in anderen Ländern problemlos zu überwinden sind, aufgrund der schlechten Straßenverhältnisse und der geringen Zahl öffentlicher Transportmittel nicht in einer angemessenen Zeit bewältigt werden können.
Eine Tradition des britischen Schulsystems hat sich bis heute in Kiribati erhalten: die Pflicht, als Zeichen der Verbundenheit mit der eigenen Schule eine Schuluniform (te kabooraoi) *zu tragen.*

Botaki

Botaki *ist ein großes Festmahl. Es kann sowohl für einen kleineren Kreis mit nur wenigen Familien veranstaltet werden als auch bei besonderen Anlässen (etwa der Feier des ersten Geburtstags, der Taufe, der ersten Menstruation etc.) mit zahlreichen Gästen. Es ist Sitte, dass sich jeder Gast, bevor das Essen beginnt, erhebt, um sich den anderen Gästen vorzustellen. Kinder und Frauen nehmen ihr Essen nach den Männern ein und teilen sich die Reste.*

Bubuti

Das Bubutisystem, das noch heute praktiziert wird, hat eine lange Tradition. Benötigt man eine Hilfsleistung oder einen bestimmten Gegenstand, kann man einen anderen darum bitten, der diese Bitte nicht ablehnen darf.
Das System ist Teil einer Tauschkultur, auf die Anthropologen auch auf anderen Pazifikinseln gestoßen sind. Nach Jacques Godbouts Definition ist es »jede wie auch immer geartete Sach- und Dienstleistung, die dem Zweck dient, eine soziale Bindung zwischen den Personen herzustellen, zu fördern oder zu erneuern, ohne dass ein Anspruch auf eine Rückgabe oder eine Gegenleistung besteht«.
Diesem Prinzip folgend, sind die Bewohner von Kiribati jederzeit bereit, jemanden als Gast aufzunehmen oder ihm etwas zu leihen, wenn man die Bitte direkt an die betreffende Person richtet.

Bwabwai

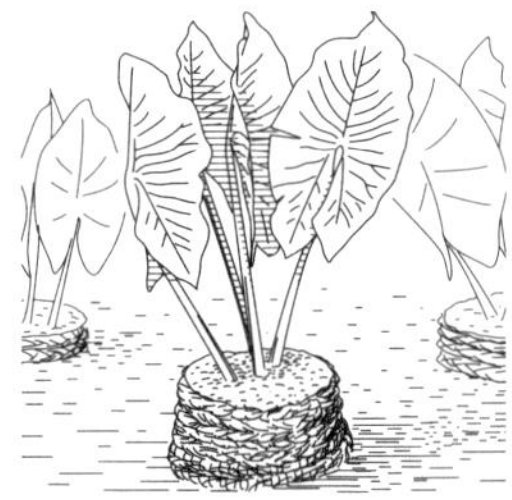

Bwabwai

(Cyrtosperma chamissonis) ist eine Pflanze aus der Familie der Aronstabgewächse, aus deren Rhizomen Mehl und Speisestärke gewonnen werden. Für die Bevölkerung von Kiribati, die sich vorwiegend von Fisch und Kokosnüssen ernährt, ist die allgemein unter dem Namen Taro bekannte Pflanze ein wichtiger Lieferant von Kohlenhydraten. Darüber hinaus hat sie auch symbolische Bedeutung und galt früher als Indikator des sozialen Status. Denn je mehr Taro-Pflanzungen jemand besaß, desto mehr Land hatte er und desto mehr Respekt und Ansehen genoss er. Da die Pflanze kein Salzwasser

verträgt, könnte sie schon bald aus der traditionellen heimischen Küche verschwinden, weil die Gefahr einer Kontamination des Grundwassers mit Meerwasser stetig zunimmt.

E

Energiequellen

Kiribati verfügt nicht über fossile Rohstoffvorkommen. Alle für die öffentlichen Transportmittel und die Stromversorgung der urbanen Gebiete von Süd-Tarawa und Kiritimati benötigten Brennstoffe müssen für teures Geld importiert werden. Der vor allem in den ländlichen Regionen am häufigsten verwendete Brennstoff ist Kerosin, das auch zum Kochen und für die Beleuchtung genutzt wird.
Mit Ausnahme von Süd-Tarawa und Kiritimati steht im gesamten übrigen Land elektrische Energie nur in begrenztem Maße zur Verfügung. Stattdessen greift man auf Kerosinlampen und – in geringem Umfang – auf Solarpaneele zurück.

Ernährung

Speisen aus Fisch (te ika), *der jederzeit verfügbar ist, bilden die Grundlage der Ernährung. Dazu isst man Reis, der zu den täglich am häufigsten verwendeten Importerzeugnissen zählt. Eine wichtige Rolle spielen auch die Kokosnuss, die Früchte des Schraubenbaums* (te kab'ārere), *die frittiert oder getrocknet mit Kokoscreme serviert werden, die Brotfrucht* (te mai), *die man gekocht oder frittiert isst, und ein Wasserwurm* (te ibo), *der getrocknet eine Nascherei ist.*
Kiribati zählt zu den zehn Ländern der Welt mit der höchsten Adipositasrate. Mehr als 80 % der Bevölkerung, insbesondere Frauen, sind übergewichtig, 46 % sogar stark übergewichtig. Verantwortlich dafür ist der gedankenlose Umgang mit Süßigkeiten (die zu den wenigen, für jedermann erschwinglichen Importerzeugnissen zählen). Dem Problem der Überernährung der Erwachsenen steht ein Problem der Unterernährung bei den Kindern unter zehn Jahren gegenüber. Bei den meisten Kindern, die vor Erreichen des fünften Lebensjahres sterben, ist dies erwiesenermaßen auf die vitamin- und mineralstoffarme Ernährung zurückzuführen. Der Grund hierfür sind nicht zuletzt die unerschwinglichen Preise für Fleisch und Obst, die aus Australien, Neuseeland, Asien oder den USA eingeführt werden.

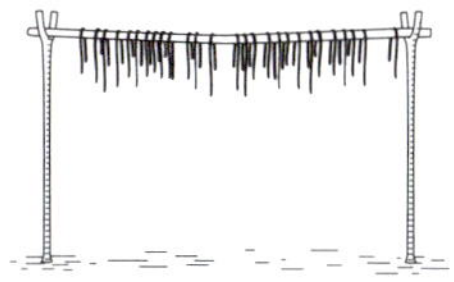

Ibo

Lutscher

F

Familie (utu)

In einem – patriarchalisch organisierten – Privathaushalt lebt häufig eine Vielzahl von Personen unter einem Dach. Neben Vater, Mutter, den leiblichen und den Adoptivkindern sind dies die Eltern des Mannes sowie gegebenenfalls dessen unverheiratete Geschwister.
Die Adoption (te tabekaki) *ist eine weitverbreitete Praxis mit langer Tradition. In nahezu jeder Familie gibt es Kinder, die, zum Teil von nahen Verwandten, adoptiert wurden. Auch uneheliche Kinder wachsen häufig in den Familien auf. Dies hat vor allem praktische Gründe (etwa die Nähe einer Schule) oder*

dient einem ausgewogenen Geschlechterverhältnis (hat eine Familie beispielsweise keine Söhne, adoptiert sie einfach einen Jungen).

Patchworkfamilie

Es kommt auch vor, dass Kinder aus einer außerehelichen Beziehung des Vaters ihrer leiblichen Mutter weggenommen, in die Familie integriert und von der betrogenen Ehefrau großgezogen werden.
Die Gesetzesvorschriften (Native Lands Ordinance) sind in dieser Hinsicht nicht eindeutig. Das Gesetz erkennt den Familiennamen der Adoptiveltern nicht an und erlegt den leiblichen Eltern im Umgang mit den Adoptivkindern keinerlei Beschränkungen auf, was dem Verhältnis aller Beteiligten zueinander keineswegs förderlich ist. Offizielle Informationen und Statistiken sind nicht verfügbar, da es manche Familien vorziehen, Adoptionen »unter der Hand« zu regeln, was nicht selten zu Erbstreitigkeiten führt. Adoptionen werden dann häufig erst bei der Anmeldung für die Grundschule bekannt, bei der angegeben werden muss, wer das Sorgerecht für den angehenden Schüler hat.

Fauna

Die Fauna besteht nur aus einer beschränkten Anzahl von Landtierarten. Die einzige endemische Art ist der Acrocephalus aequinoctialis (te bokikokiko), eine in Kiritimati heimische Sperlingsart. Das einzige Zuchttier neben dem Huhn ist das Schwein. Jede Familie besitzt mindestens eine Sau und einen

Schwein

Eber. Geschlachtet werden die Tiere nur zu besonderen Anlässen. Es gibt hier weder Kühe, Pferde, Schafe noch Ziegen, obwohl in den 1980er-Jahren einmal 160 Ziegen in Kiribati registriert wurden.
Bei den Meerestieren zählt Kiribati mit 200 verschiedenen Korallen- und mehr als 500 Fischarten hingegen zu den weltweit artenreichsten Ländern.

Flagge

Die Flagge von Kiribati basiert auf dem Wappen, das der damalige britische Kommissar Sir Arthur Grimble 1937 für die Gilbert- und Ellice-Inseln (damals britische Kolonien) entworfen hat.
Sie zeigt eine aufgehende Sonne, über die ein aus den Fluten des Pazifiks aufgestiegener Prachtfregattvogel (te eitei) fliegt. Die 17 Strahlen der Sonne stehen für die 16 Gilbert-Inseln und die Insel Banaba.

Flagge

Flughafen

Der Bonriki International Airport in Süd-Tarawa ist das wichtigste Einfallstor des Landes. Von hier aus starten zweimal wöchentlich internationale Flüge auf die Fidschi-Inseln, die Marshall-Inseln und nach Australien. Für die regelmäßigen Inlandsflüge zwischen den Inseln und Archipelen des Landes werden Kleinflugzeuge eingesetzt. Ein weiteres internationales Einfallstor ist der Cassidy International Airport in Kiritimati, der von Hawaii und den Fidschi-Inseln angeflogen wird.

Frangipani-Strauch

Der Frangipani-Strauch (Plumeria) ist in den meisten tropischen Ländern heimisch. Aus den Blüten, die einen außerordentlich intensiven Duft verströmen, flicht man gern Kränze (te teitera) *oder verwendet sie für Essenzen. Als Nationalsymbol zierte die Blüte die Briefmarke, die 1979 anlässlich der Entlassung Kiribatis in die Unabhängigkeit herausgegeben wurde.*

Frangipani-Blüte

Frau (neiko)

Häusliche Gewalt gegen Frauen – die nur selten Anzeige gegen die Gewalttäter erstatten – ist ein bekanntes Problem, von dem auch Kiribati betroffen ist. 2012 wurde deshalb ein Ministerium zum Schutz der Frauenrechte eingerichtet.

Laut Weltgesundheitsorganisation wurde bei 20 % der Frauen der erste sexuelle Kontakt gewaltsam erzwungen, 31,4 % wurden mindestens einmal vergewaltigt. In 75 % der Fälle werden als Gründe für die häusliche Gewalt angebranntes Essen, Ehestreit, Vernachlässigung der Kinder und Verweigerung der ehelichen Pflichten angeführt. Ledige Mütter haben so gut wie keine Rechte, und nach Vollendung des zweiten Lebensjahres wird ihnen das Sorgerecht für das Kind entzogen. Dennoch ist die von Frauen geleistete Arbeit ein nicht unwesentlicher Wirtschaftsfaktor. Frauen kümmern sich für gewöhnlich um den Haushalt und die Kinder sowie um die Beschaffung von Geldern für die Kirche. Zu diesem Zweck spielen sie häufig Bingo oder bauen sich zu Hause eine kleine handwerkliche Produktion auf.

Frau

Freizeitgestaltung

So wie in Brasilien an jeder Straßenecke Fußball gespielt wird, ist in Kiribati an jedem freien Plätzchen ein Volleyballnetz gespannt, denn Volleyball ist hier die beliebteste Sportart. Ein eher traditionelles Ballspiel ist te oreano, *das mit zwei gegnerischen Mannschaften und einem etwa 10 kg schweren Ball gespielt wird. 2014 gewann Kiribati bei den Commonwealth Games zum ersten Mal eine Medaille: die Goldmedaille im Gewichtheben, die an David Katoatau ging.*

Hahn

Neben dem Sport gibt es noch zahlreiche weitere Freizeitbeschäftigungen, mit denen sich die Bewohner die Zeit vertreiben. Besonders beliebt sind neben Bingo die kanetita, *eine Art Canasta, und der Hahnenkampf. Das Publikum, das sich im Kreis um die Arena versammelt, schließt dabei Wetten auf den einen oder den anderen Hahn ab, und der Besitzer des siegreichen Tieres kann unter Umständen einen satten Gewinn einstreichen, der nicht selten höher ist als das Durchschnittsgehalt eines Angestellten.*

Volleyball

G

Gesundheitswesen

Das Ziel, allen Bewohnern den Zugang zu den Strukturen des Gesundheitswesens (Kiribati verfügt über vier Krankenhäuser und 34 medizinische Versorgungszentren) zu ermöglichen, wurde bislang noch nicht erreicht. Lediglich 6 % der insgesamt 800 medizinischen Fachkräfte sind ausgebildete Ärzte. Auf 1500 Patienten kommt ein Arzt und auf 1000 Bewohner 1,3 Krankenhausbetten.
Einer der Hauptgründe für die Verbreitung von Krankheiten ist das Fehlen einer angemessenen Prävention und Gesundheitserziehung. Nur 22,3 % der Bevölkerung greifen zu Verhütungsmitteln, wodurch die Ausbreitung von Geschlechtskrankheiten wie Aids begünstigt wird. Die Gepflogenheit, seine Notdurft im Meer zu verrichten, macht das Meerwasser zu einem Sammelbecken von Bakterien und Krankheitserregern. Hinzu kommt, dass sich sehr viele Patienten erst in einem weit fortgeschrittenen Krankheitsstadium, in dem eine Heilung nicht mehr möglich ist, an eine staatliche medizinische Einrichtung wenden. Daneben suchen viele Menschen nach wie vor die traditionellen, auf Pflanzenheilkunde spezialisierten Heiler auf.

Gezeiten

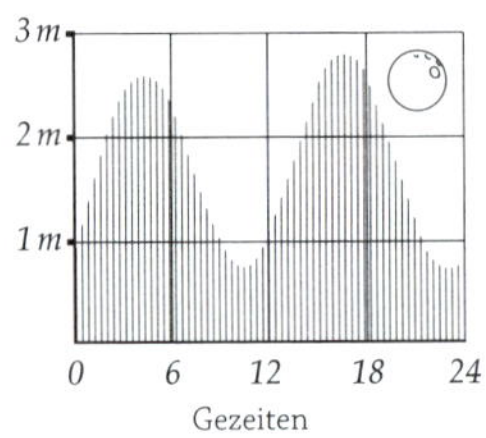

Die Tage werden durch den Rhythmus der Gezeiten geprägt. Sie diktieren nicht nur die Fischfangzeiten, sondern entscheiden mitunter auch darüber, wann man einen Weg erledigt oder zur Schule geht. Die Zeiten der Flut werden jeweils in einem Aushang bekannt gemacht.

Grundbesitz

Sehr häufig kommt es um den Besitz von Land zu Streitigkeiten und Auseinandersetzungen. Der Verlust des Archivs von Süd-Tarawa und Betio, in dem die Grundbücher aufbewahrt wurden und das 1988 durch einen verheerenden Brand zerstört wurde, erschwert die Sache noch.
Bei der Vererbung von Grundbesitz (te kaababa) sind einige Regeln zu beachten: Der erstgeborene Sohn erbt den größten Anteil. An zweiter Stelle der Erbfolge stehen die weiteren Söhne. Töchtern steht lediglich ein geringer Anteil zu. Töchter und Söhne, die ihr Leben der Kirche geweiht haben, können keinen Grundbesitz erben.
Darüber hinaus besteht die Möglichkeit, den Besitz als Gegenleistung oder Wiedergutmachung an eine nicht zur Familie gehörige Person zu verschenken.

Guano

Der Guano war vermutlich der Grund dafür, dass sich das Vereinte Königreich so für diese Landstreifen mitten im Ozean interessierte. Tatsächlich liegt die Koralleninsel Banaba, die einstige Hauptstadt der britischen Kronkolonie der Gilbert-Inseln, auf der Flugroute zahlreicher Zugvögel, deren Exkremente sich im Laufe der Jahrhunderte hier angesammelt und in einen phosphatreichen Kalk verwandelt haben.
Und so begannen die Engländer zu Beginn des 20. Jahrhunderts, diesen nur 6,29 km^2 großen Landstreifen auszubeuten, um Dünger für den Export zu gewinnen, und dies in einem Maße, dass er unbewohnbar wurde und die Bewohner gezwungen waren, auf die Fidschi-Insel Rabi zu übersiedeln.

Mit der Unabhängigkeit Kiribatis endete 1979 der intensive Phosphatabbau, und einige Familien kehrten auf die Insel zurück.
Die meisten – etwa 5000 Personen – blieben auf den Fidschi-Inseln, da sie sich inzwischen keiner Kultur mehr zugehörig fühlten. 2006 gab es Bestrebungen, die Insel von Kiribati loszulösen und sie an die Fidschi-Inseln anzubinden. Der Vorschlag wurde abgelehnt.

H

Heiligtum (baangota)

Heiligtum

In dem etwa 1 m² großen, mit Felsblöcken eingefriedeten Areal huldigt man dem Geist des Inselgottes. Der Brauch will es, dass jeder, der zum ersten Mal einen Fuß auf eines der Atolle setzt, das örtliche Heiligtum aufsucht und dort eine Gabe (te mwagaka) *– für gewöhnlich eine Stange Tabak – hinterlässt, um der Gottheit Ehre zu erweisen, damit der Aufenthalt ohne Zwischenfälle verläuft.*

K

Kava

Der Kava-Strauch ist seit langer Zeit im westpazifischen Raum heimisch. Aus den Wurzeln stellt man ein Getränk mit beruhigender, entspannender Wirkung her, das sich in Polynesien, Melanesien, Mikronesien und Australien großer Beliebtheit erfreut. In Kiribati zählt es heute sogar zu den meistkonsumierten Getränken. Der übermäßige Kava-Konsum hat allerdings Folgen, denn das Getränk macht nicht nur faul und träge, sondern kann bei dauerhaftem Konsum auch die Leber schädigen.

Klima

In tropischen Klimazonen unterscheidet man zwei Jahreszeiten: die Trockenzeit (Aumaiaki) *von April bis September und die Regenzeit* (Aumeang), *die von Oktober bis März dauert. Die extrem geringen Niederschlagsmengen, die in den vergangenen Jahren in der Regenzeit zu verzeichnen waren, hatten nicht unerhebliche Probleme mit der Wasserversorgung zur Folge.*

Klimawandel

In der Landessprache existiert kein Begriff für dieses Phänomen, sondern es wird wörtlich mit »das Wetter, das sich für viele Tage ändert« wiedergegeben (bibitakin kanoan boong). *Mit einem Hilferuf, in dem sie die Inseln von Kiribati als »die verletzlichsten unter den verletzlichen« bezeichnete, gelang es der politischen Führung des Landes, Teile der Weltöffentlichkeit aufzurütteln. Die Mehrheit der Bevölkerung tendiert jedoch dazu, dem Phänomen keine wirkliche Bedeutung beizumessen. Dem Pacific Climate Change Science Program zufolge war von 1950 bis heute alle zehn Jahre ein Temperaturanstieg um 0,18 °C zu verzeichnen, und der Meeresspiegel ist seit 1993 jährlich um 1–4 mm gestiegen.*
Wenn wir unseren Lebensstil nicht ändern und weiterhin Treibhausgase emittieren, wird sich die Situation noch verschlimmern, sodass bis 2090 mit einem Anstieg des Meeresspiegels zwischen 20 und 58 cm zu rechnen ist – in Anbetracht der Tatsache, dass der höchste Punkt nur drei Meter über dem Meeresspiegel liegt, ein besorgniserregender Wert.

Kokosnuss

Kokosnuss

Es gibt schätzungsweise elf Millionen Kokospalmen mit einer durchschnittlichen Dichte von 15 000 Pflanzen pro Quadratmeter. Gästen wird zur Begrüßung stets moimoto, *der Saft unreifer Kokosnüsse, gereicht. Das süße, erfrischende und nährstoffreiche Getränk wird durch ein kleines Loch, das man in die Schale bohrt, direkt aus der Nuss getrunken. Zweimal am Tag klettern die jungen Männer auf eine Palme, um zu prüfen, wie viel Pflanzensaft sie produziert hat. Dieser* karewe *genannte Palmsaft ist außerordentlich süß. Zwei Stunden, nachdem man ihn extrahiert hat, setzt die natürliche Fermentation ein und aus dem Saft wird ein schwach alkoholisches Getränk, das man als Palmwein* (te kaokioki) *bezeichnet. Lässt man den Palmsaft stark einkochen, erhält man eine Melasse, den* kamaimai, *die man als Zuckerersatz verwendet.*

Palmsaft

Die Kokosnuss ist jedoch nicht nur ein Lebensmittel. Aus dem getrockneten Kernfleisch (Kopra) gewinnt man Fette und Öle, die in der Pharmazie und Kosmetik Verwendung finden. Der Koprahandel ist eine der wichtigsten Einnahmequellen der Volkswirtschaft und macht gut zwei Drittel der Exportgewinne aus. Nach Ländern wie Indien, Papua-Neuguinea und Ägypten steht Kiribati im internationalen Koprahandel an zwölfter Stelle.

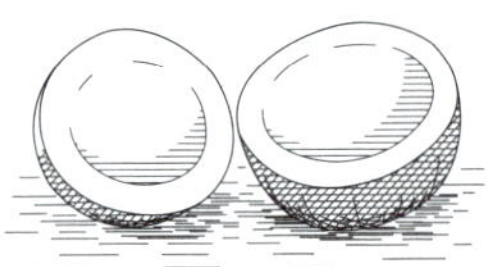
Kopra

Kopf (atu)

Der Kopf gilt als heiliger Körperteil. Das ist auch der Grund, weshalb der Name Atua, der in der Landessprache den christlichen Gott bezeichnet, vom Wort atu *abgeleitet ist. Vor allem auf den im Zentrum und im Süden gelegenen Gilbert-Inseln ist es ein Tabu, den Kopf eines anderen zu berühren, ja es gilt sogar als ungehörig, das Wort Kopf in der Öffentlichkeit auszusprechen. Für den Tierkopf verwendet man in der Landessprache nicht das Wort* atu, *sondern die Bezeichnung* te matanria.

Koralle

Die 32 Atolle sind korallinen Ursprungs. Manche Bewohner sind der Überzeugung, die konstante Ausdehnung der Korallenriffe spreche gegen den behaupteten Anstieg des Meeresspiegels. Wissenschaftliche Theorien gehen hingegen davon aus, dass sich die Ablagerung von Sedimenten durch die Erwärmung der Meere, durch die sich wiederum der Säuregehalt des Wassers erhöht, reduziere und dadurch das Überleben der Korallen bedroht sei. Die Korallenablagerungen von den Stränden werden traditionell als Baumaterial verwendet, etwa für Schutzmauern entlang der Küsten oder für die Stützpfeiler der maneabas.

L

Landwirtschaft

Landwirtschaft wird in der Mehrzahl der Fälle lediglich für den Eigenbedarf betrieben. Denn da die Böden sehr salzhaltig sind, lassen sich nur wenige Feldfrüchte anbauen und werden deshalb importiert. Lediglich 37 000 Hektar, das entspricht 5,1 % der Gesamtfläche, sind

als Ackerland nutzbar. Dennoch unterstützen das Sekretariat der Pazifischen Gemeinschaft (SPC) und die US-amerikanische Behörde für internationale Entwicklung (USAID) die Regierungen von sechs Pazifikstaaten, darunter auch Kiribati, bei der Entwicklung der eigenen Landwirtschaft, die sie weitgehend autark machen soll.
Neben der Finanzierung von Projekten zur Erfassung der heimischen Arten erhielt die Gemeinschaft auch Fördergelder für die Einrichtung von Fischzuchtbetrieben und von Treibhäusern für den Anbau von Obst und Gemüse, um die Ernährung der Bevölkerung abwechslungsreicher und vollwertiger zu gestalten.

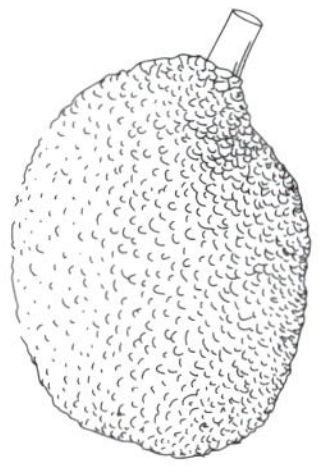
Brotfrucht

M

Magie (tabunea o kawai)
Magische und rituelle Praktiken gehören häufig ganz selbstverständlich zum Alltag. Tatsächlich versucht man auch heute noch, Situationen mithilfe von Zauberformeln, einer Kombination aus Gesten und Zaubersprüchen, positiv (etwa indem man durch einen Zauberspruch die Liebe einer Person zu einer anderen entfacht) oder negativ (etwa indem man jemandem den Tod wünscht) zu beeinflussen.

Maneaba
Das Zentrum des sozialen Lebens ist die maneaba, *das am häufigsten besuchte Gebäude. Sie ist ein Versammlungs- und Begegnungsort, wo man diskutiert und gemeinsam feiert, der aber auch für ein*

Maneaba

Mittagsschläfchen genutzt werden kann. Die Anordnung der Personen innerhalb der maneaba *ist ein Spiegel der Gesellschaftsordnung dieses Volkes. Bei der Errichtung der nicht selten mehr als 30 Meter breiten Konstruktion sind genaue Regeln und Kodizes zu beachten: Sie sollte nach Möglichkeit zur Lagune hin ausgerichtet sein, die einzelnen Bauteile müssen in einer bestimmten Reihenfolge zusammengefügt werden, und es dürfen nur Materialien aus der Natur verwendet werden (Korallenkalksteine für die Stützpfeiler, das Holz der Kokospalme für das Gebäude und Schraubenbaumblätter für das Dach). Seit einiger Zeit werden allerdings auch Industriewerkstoffe wie Zement und Metall eingesetzt.*

Mangrove
Diese in den Lagunen und Sümpfen der tropischen Küstenregionen heimischen Pflanzen halten sogar extrem salzigen Milieus stand. Da sie über Luftwurzeln verfügen, können sie auch noch bei Flut unter Wasser atmen. Die Landschaft von Kiribati ist, vor allem in den von Menschenhand noch unberührten Gegenden, reich an Mangroven. Mangroven sind wertvolle Pflanzen. Sie schützen die Küstenstreifen vor Erosionen, Überschwemmungen und Tsunamis und absorbieren fünfmal mehr Kohlenstoff als die Wälder und begünstigen so ein Absinken der Temperatur. Deshalb hat man zwischen 2009 und 2011 72 000 dieser Bäume gepflanzt.

Maßsystem

Das dezimale metrische System wird gleichberechtigt mit dem anglo-amerikanischen Maßsystem verwendet. Es ist aber auch gängige Praxis, die Länge eines Fischs oder eines Gegenstandes mithilfe des Unterarms anzuzeigen.

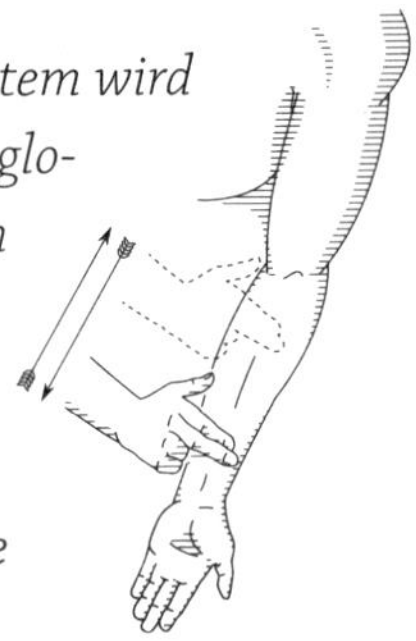

Länge

Matte

Stühle findet man in Kiribati eher selten, sondern man sitzt in der Regel – ob nun beim Kochen, Essen, Beten, beim Plaudern oder beim Bingospielen – im Schneiderschnitz auf Matten aus Schraubenbaumblättern. Je nachdem, für welchen Zweck sie gedacht sind, unterscheiden sich die Matten in Material und Flechttechnik. Es gibt teppichartige Matten, auf denen man tagsüber sitzt, es gibt matratzenartige Matten für die Nacht, dünne Matten, mit denen man bei Sitztänzen die Beine bedeckt, und es gibt Matten mit symbolischer Bedeutung, die man Neugeborenen und Neuvermählten schenkt.

Matte

Die kie *wird aus Schraubenbaumblättern gefertigt und ist feiner und aufwendiger gearbeitet als die Matten aus Palmblättern* (te iinai). *Im Unterschied zur* iinai *darf die* kie *nicht mit schmutzigen Schuhen betreten werden.*
Als kabae *bezeichnet man die Matte, die von Frauen wie Männern beim Sitztanz* (te bino) *benutzt wird. Sie wird aus in dünne, nur 3–4 mm breite Streifen zerteilten Schraubenbaumblättern gefertigt.*

Mauri

heißt »Hallo« und ist die am häufigsten gebrauchte Grußformel. Man kann aber auch einfach nur kurz den Kopf heben.

Medien

Es gibt sechs Lokalzeitungen, die jedoch nur eine geringe Auflage haben (von der am weitesten verbreiteten werden in der Woche 1500 Exemplare gedruckt) und ausschließlich in Tarawa verkauft werden. Die Zeitung ist also nicht das bevorzugte Informationsmedium der Bevölkerung.
Durch den Rundfunk, sei er nun staatlich oder kirchlich, haben hingegen alle Inseln Kiribatis Zugang zu den Nachrichten.

Radio

Radio Kiribati, der staatliche Rundfunk, sendet dreimal am Tag: morgens von 7 bis 8.30 Uhr, mittags von 12 bis 13.30 Uhr und abends von 17 bis 21.30 Uhr. Das einzige Fernsehprogramm wurde 2013 eingestellt. Nirgends im Pazifikraum sind die Kosten für die Kommunikationsmedien so hoch wie in Kiribati: Ein dreiminütiges Telefonat zu einer anderen Insel kostet etwa vier Dollar, und nach Australien zahlt man zehn Dollar. Während im nicht weit von Kiribati entfernten Vanuata 70 % der Bevölkerung ein Handy besitzen, sind es in Kiribati lediglich 25 %.
12 950 Haushalte verfügen über einen Internetzugang. Einige Atolle sind jedoch nach wie vor auch in dieser Hinsicht isoliert.
Gemeinsam mit internationalen Geldgebern arbeitet die Regierung seit einigen Jahren daran, jedermann die Telekommunikationsmedien zugänglich zu machen.

N

Nauru
Nauru ist zwar ein eigenständiger Staat, spielte jedoch in der Geschichte Kiribatis eine Rolle. Denn Ende der 1920er-Jahre »rekrutierte« die British Phosphate Commission (BPC) 20 000 Männer aus Kiribati und Tuvalu als Arbeiter für die Phosphatminen im etwa 700 km von Tarawa entfernten Nauru. Ende des 19. Jahrhunderts entdeckte der Neuseeländer Albert Ellis in den Felsen der Insel reiche Vorkommen reinsten Phosphors (etwa 80 Millionen Tonnen), die aus der Verbindung der Vogelexkremente mit dem Korallenkalkstein entstanden waren.

O

Orientierung
Da die Straßen in Kiribati keine Namen haben, spielen herausragende Punkte in der Umgebung – Bäume, Läden oder Schulen – bei der Orientierung eine wichtige Rolle. Für rechts und links verwendet man die Bezeichnung »Lagunenseite« (tanrio) *beziehungsweise »Meeresseite«* (tanrake).

P

Politik
Seit seiner Entlassung in die Unabhängigkeit am 12. Juli 1979 ist Kiribati eine parlamentarische Republik.
Die parlamentarische Versammlung setzt sich aus 46 Mitgliedern zusammen. Davon sind 44 für vier Jahre gewählt. Hinzu kommen ein Delegierter der Insel Banaba und ein Mitglied von Amts wegen.
Im Oktober 2000 wurde der Sitz des Parlaments von Bairiki nach Süd-Tarawa, in den Bezirk Ambo, verlegt. Der Präsident (beretitenti), *der zugleich Regierungschef und Staatsoberhaupt ist, wird alle vier Jahre in allgemeiner Wahl gewählt. Wahlberechtigt ist man ab dem 18. Lebensjahr. Im Parlament sind vier Parteien vertreten: Boutokaan Te Koaua (BTK Government), Maurin Kiribati (MKP), Maneaban Te Mauri (MMP) und Kiribati Tabomoa (KTP). Seit September 1999 ist Kiribati Mitglied der Vereinten Nationen. Darüber hinaus ist das Land Mitglied verschiedener Nichtregierungsorganisationen, unter anderem der FAO, der ICAO, der Weltbank, des Internationalen Währungsfonds, der IFC, der ILO, der UNESCO und der WHO.*

Prostitution
Weitverbreitet ist die Prostitution auf der Insel Betio, insbesondere auf ausländischen, vor allem koreanischen Fischkuttern. Die zum Teil noch blutjungen Prostituierten (te korakorea) *verkaufen ihre Körper für ein wenig Fisch, Geld oder Kleidung an die durchreisenden Fischer.*
Humanitäre Organisationen wie die UNICEF versuchen derzeit, die Bevölkerung und die Institutionen für das Problem zu sensibilisieren, da es bislang kein Gesetz gibt, das die Prostitution, insbesondere die Minderjähriger, unter Strafe stellt.

R

Religion

Kirche

Ab 1857 leiteten Missionare aus Europa einen allmählichen Prozess der Bekehrung ein, der zur Folge hatte, dass sich der überwiegende Teil der Bevölkerung heute zum Christentum bekennt (56 % Katholiken, 34 % Protestanten, 2 % Siebenten-Tags-Adventisten). In geringerem Umfang sind auch andere Religionen wie die mormonische Kirche (4,7 %) und der Bahaismus (2,3 %) vertreten. Dennoch hält die Bevölkerung nach wie vor in hohem Maße an überlieferten Glaubensformen fest, was sie nicht selten in Konflikt mit den christlichen Dogmen bringt. So wird beispielsweise Nareau *(was so viel bedeutet wie »Spinne«) noch heute als Schöpfer der Erde, der Sonne, des Mondes, der Sterne und des Meeres angesehen. Auf ihn folgte ein Zeitalter der Geister* (anti), *zu denen etwa Kaobunang (dargestellt als Kind) und Ruki (erscheint als Meeresschlange) zählten. Darüber hinaus haben die einzelnen Inseln noch eine Vielzahl eigener Gottheiten und Geister, um die sich zahlreiche Legenden ranken.*

Riesenmuscheln (Tridacninae)

Im Meer vor der Inselgruppe der Gilbert-Inseln findet man vier Arten von Riesenmuscheln: die Große Riesenmuschel (T. gigas), die Schuppige Riesenmuschel (T. squamosa), die Grabende Riesenmuschel (T. maxima) und die Pferdehufmuschel (Hippopus hippopus). Sie unterscheiden sich in Größe, Gewicht, Farbe und Lebensraum. Die kleinsten dieser Muscheln werden 35 cm groß, die größten 120 cm. Manche von ihnen leben in 20 Meter Tiefe, bei anderen sind es nur sechs Meter.
Die Riesenmuscheln werden normalerweise gepflückt und gegessen, auf einigen Inseln hat sich jedoch inzwischen herumgesprochen, dass diese Muscheln durchaus wertvoll sind und auf der ganzen Welt in Aquarien gehalten werden. Deshalb hat man eine Reihe von Pilotprojekten zur Züchtung dieser Muscheln ins Leben gerufen, in der Hoffnung, dass sich daraus in naher Zukunft eine sprudelnde Einnahmequelle entwickelt.
Die Große Riesenmuschel ist vom Aussterben bedroht und wird deshalb nicht exportiert.

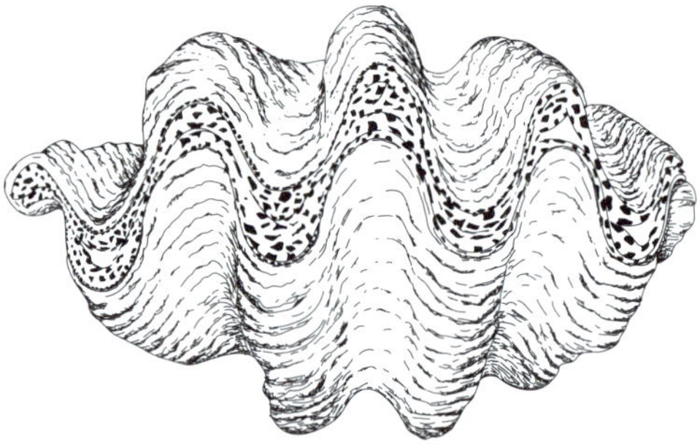

Riesenmuschel

S

Schraubenbaum (kaina)

Der Schraubenbaum oder die Schraubenpalme (Pandanus) kann bis zu 20 Meter hoch werden. Die Früchte werden gegessen. Die Blätter werden geflochten, um die Dächer damit zu decken oder Matten daraus zu fertigen. Aus den Wurzeln stellt man Werkzeuge und Arzneien her, und der Stamm dient als tragende Struktur beim Hausbau.

Schraubenbaum

Sexualität

Obwohl Kiribati in mancher Hinsicht ein konservatives und von christlichen Werten geprägtes Land ist, ist die Sexualität auf einigen Inseln kein Tabu, sondern sogar ein regelrechtes »Markenzeichen«.

Das trifft beispielsweise auf die »Sexinsel« Abemama zu, die seit 1892 zu den Gilbert-Inseln gehört. Die allgemein akzeptierte Freizügigkeit, die dort herrscht, ufert heute mitunter in einem Maße aus, dass sich sexuelle Übergriffe und Geschlechtskrankheiten zunehmend häufen. Den Ruf der Insel begründet hat König Binoka, dem nachgesagt wird, er sei mit allen gebärfähigen Frauen der Insel im Bett gewesen und sei, dank einer besonderen Technik, in der Lage gewesen, sie allesamt zu befriedigen. Die Nachkommen der Königsfamilie hüten sein Geheimnis bis heute. Auch heute kommt es noch vor, dass reife Frauen »zu Erziehungszwecken« mit Jugendlichen intim werden, um ihnen das nötige Wissen zu vermitteln.

Sprache

Bis zur Ankunft der christlichen Missionare kannte man in Kiribati keine Schriftsprache. Die erste Bibelübersetzung stammt von dem amerikanischen Missionar Reverend Hiram Bingham, der 1856 mit seiner Frau auf die Insel kam. Er war es auch, der das erste Wörterbuch der Landessprache der Gilbert-Inseln verfasste. Die Landessprache gehört zur Familie der austronesischen Sprachen und zur Untergruppe der mikronesischen Sprachen, weist aber auch Einflüsse und Ähnlichkeiten mit der Familie der polynesischen Sprachen und dem Pohnpeianischen auf.

Das Alphabet hat 13 Buchstaben: a, b, e, i, k, m, n, ng, o, r, t, u, w. Die fehlenden Buchstaben, die erst mit Einführung des Englischen verschwunden sind, werden in geschriebenen Texten durch Verbindungen der 13 Buchstaben ersetzt.

Da Kiribati früher eine englische Kolonie war, sprechen viele Ältere, zum Teil noch fließend, Englisch. Die Jüngeren lernen die englische Sprache hingegen nur in der Schule und ziehen es vor, in der Landessprache zu kommunizieren. Bestimmte Gesten und nonverbale Ausdrucksformen sind ebenfalls Bestandteil der Landessprache. Die am häufigsten gebrauchten Gesten sind das Heben der Augenbraue als Zeichen der Zustimmung, das Zungeschnalzen als Ausdruck der Anerkennung und ein kurzes Kopfnicken als Begrüßung.

Ja

Sterblichkeit

Die durchschnittliche Lebenserwartung der Frauen liegt bei 68, die der Männer bei 63 Jahren. Von 1000 Neugeborenen sterben etwa 37 im Kleinkindalter, und das selbst infolge harmloser Unfälle oder einer banalen Erkältung. Eine der Hauptursachen der Kindersterblichkeit sind Rotavirus-Infektionen mit Durchfall, Erbrechen und Fieber.

Durch die unzureichende Hygiene, die oft nicht rechtzeitige Behandlung und den Mangel an sauberem Trinkwasser nehmen Krankheiten, die andernorts gut behandelbar sind, einen schwereren Verlauf und führen nicht selten zum Tod.

Straßen
Die Atolle von Kiribati sind häufig stark zersplittert. Um die einzelnen Teile miteinander zu verbinden, hat man in einigen Fällen richtige Hochstraßen gebaut, wie zum Beispiel die 1987 von der japanischen Firma Dai Nippon Construction errichtete Verbindungsstraße zwischen Betio und Bairiki. Manche sehen in diesen Hochstraßen allerdings mit eine Ursache für die Umweltveränderungen der letzten Jahre. In Süd-Tarawa wird derzeit ein zum größten Teil von der Asian Development Bank finanziertes Straßenbauprojekt fertiggestellt. Es umfasst die Sanierung von acht Kilometern bereits existierender Straßen, den Bau von 32 Kilometern neuer asphaltierter Straßen sowie 32 Fahrbahnschwellen zur Geschwindigkeitsbegrenzung. Die Arbeiten sollen bis 2017 abgeschlossen sein. Nimmt man alle Inseln zusammen, hat das Straßennetz eine Länge von 700 Kilometern, die jedoch zum größten Teil nicht asphaltiert sind.

T

Tabu
Das auch im Deutschen und in den englischsprachigen Ländern gebräuchliche Wort Tabu geht auf das polynesische »tapu« (heilig, verboten) zurück und hat bereits vor vielen Jahrhunderten Eingang in die Landessprache von Kiribati gefunden. In der maneaba *und in den Kultstätten weist ein Schild darauf hin, welche Verhaltensweisen verboten sind.*

Tarawa
Tarawa, was in der Landessprache so viel wie »Erde« bedeutet, ist das Zentrum der Inselgruppe der Gilbert-Inseln. Die bedeutendste der 24 Inseln, aus denen sich das Atoll zusammensetzt, ist Süd-Tarawa, der Sitz der Verwaltung der Republik Kiribati. Dort lebt, verteilt auf 16 kleinere Ortschaften, mehr als die Hälfte der Gesamtbevölkerung. Man geht allerdings davon aus, dass bis 2030 70 % der Bevölkerung in der Hauptstadt leben werden, eine Überbevölkerung, die die Lebensbedingungen erheblich beeinträchtigen wird.

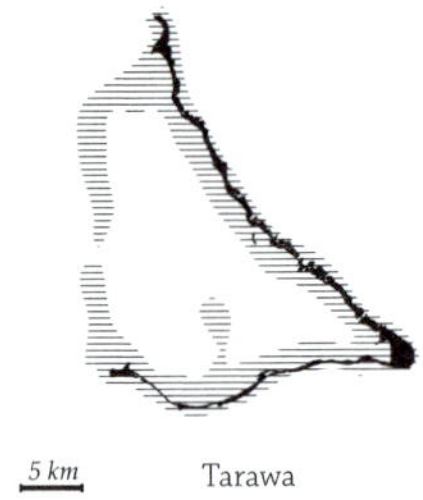

Tarawa

Tetia borau (Wolkenleser)
Für die Menschen, die diese besondere Gabe besitzen, ist der Himmel wie ein offenes Buch. Anhand seiner Farbe und anhand der Formen der Wolken, die ihn »bevölkern«, sind sie in der Lage, Strömungen und Perturbationen zu erkennen und vorherzusagen und – sofern sie sich auf See befinden – ihre Entfernung von der Erde zu bestimmen.

Traditioneller Tanz
Der Tanz ist ein wesentliches identitätsstiftendes Element. Von klein auf werden die Frauen dazu angehalten, ihre Tanztechnik zu perfektionieren: eine rasche Bewegung der Hüften, bei der der Oberkörper nicht mitgeht, sowie verschiedene Choreografien für die Arme.
Unverzichtbar sind dabei die Kostüme, die von den Tänzerinnen selbst entworfen und von Hand genäht werden. Dabei werden häufig auch Blätter und Blüten eingearbeitet.

Parfüm

Man kennt zahlreiche Formen des Tanzes, zu den wichtigsten zählen Tänze, die in aufrechter Haltung ausgeführt werden (te kaimatoa), *und Sitztänze* (te bino). *Da die Musik auf den Inseln erst spät Verbreitung fand, ist sie dort im Vergleich zu anderen Ländern des Pazifikraums weit weniger von der westlichen Musik beeinflusst. Für gewöhnlich werden traditionelle Tänze von einem gemischten Chor und hölzernen Schlaginstrumenten* (te biwaoki) *begleitet, die von einer Gruppe im Kreis um die Tänzerinnen sitzender Männer gespielt werden.*
Ebenfalls Teil der Darbietung sind Gesten des Beifalls und des Wohlgefallens, die etwa darin bestehen, den Tänzerinnen Parfüm unter die Achseln zu sprühen oder ihnen Puder auf den Hals zu tupfen. Andere Gesten, etwa das Lächeln während einer Darbietung, sollte man hingegen vermeiden.

Bino

Transportmittel
Eine Eisenbahn gibt es nicht. Innerhalb der Inseln kann man sich lediglich mit kleinen Transportern oder Lieferwagen, die als öffentliche Transportmittel genutzt werden, mit dem Fahrrad oder dem Mofa fortbewegen. Privatautos findet man nur in Tarawa und Kiritimati. Auf dem Meer dienen traditionelle Boote als Transportmittel, die dank ihrer besonderen

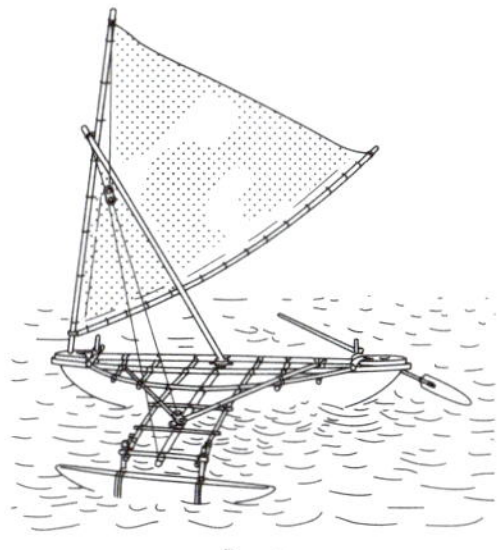

Boot

Form mit zu den schnellsten der Welt gehören sollen.
Boote (te wa) *kann nicht jeder bauen. Denn das Know-how und die beinahe an Zauberei grenzenden Riten, die es ermöglichen, ein perfektes Boot zu bauen, werden vom Meister* (te tia kaba) *mündlich weitergegeben.*

U

Umweltschutz
Mit der 410 000 km² umfassenden Phoenix Islands Protected Area (PIPA) wurde 2008 das weltweit größte Meeresschutzgebiet geschaffen, die bislang einzige Naturattraktion in Kiribati, die in die UNESCO-Weltnaturerbeliste aufgenommen wurde.
Um von Süd-Tarawa, der Hauptstadt von Kiribati, dorthin zu gelangen, benötigt man fünf Tage. In dem Gebiet mit seinen Koralleninseln und Unterwasserbergen leben 500 verschiedene Fisch- und 200 Korallenarten sowie 18 Arten von Meeressäugern und 44 Vogelarten.

Umweltverschmutzung
40 % der Haushalte Süd-Tarawas sind an das Abwassersystem angeschlossen. Auf den übrigen Inseln, mit Ausnahme von Kiritimati, gibt es weder Kanalisation noch Wasseraufbereitungsanlagen. Mehr als 75 % der Bevölkerung pflegen ihre Notdurft deshalb direkt im Meer zu erledigen. Die Folge ist neben der Meerwasserverschmutzung die Ausbreitung von Krankheiten wie Hepatitis C. Kaum besser ist die

Qualität des Grundwassers. Die Gepflogenheit, die Verstorbenen in der Nähe von Brunnen zu bestatten oder Abfälle einfach auf den Boden zu werfen, hat zur Folge, dass Krankheitserreger, giftige Substanzen, Öle, Schwermetalle und Plastikmüll in die Erde eindringen und so schließlich ins Grundwasser gelangen. Noch schlechter sieht die Situation beim Trinkwasser aus, da das Meerwasser infolge der Erosion der Küsten in den Boden eindringt, aus dem die Brunnen ihr Wasser beziehen.

WC

V

Volksgruppen

Von den 105 711 Einwohnern Kiribatis gehören 89,5 % der Volksgruppe der I-Kiribati an, 0,1 % stammen ursprünglich aus Tuvalu, und der Rest hat unterschiedliche Wurzeln. Einen besonders großen Anteil machen die I-Kiribati chinesischer Abstammung aus. Die ersten Chinesen, die im ausgehenden 18. und frühen 19. Jahrhundert in den Pazifikraum kamen, waren Schiffsköche und Schiffsbauer. Zu einer ersten wirklichen Einwanderungswelle kam es jedoch erst nach 1840, als sich chinesische Kaufleute aus wirtschaftlichen Gründen auf vielen Inseln des Pazifikraums und insbesondere in Kiribati niederließen. Viele dieser Zuwanderer blieben dauerhaft im Land, heirateten einheimische Frauen und integrierten sich vollständig in die Gemeinschaft. Auch der Vater des früheren Staatspräsidenten Anote Tong, der von 2003 bis 2015 im Amt war, ist chinesischer Abstammung.

W

Währung

Seit 1979 ist der Kiribati-Dollar die Landeswährung. Er ist in einem Verhältnis von 1:1 an den Australischen Dollar gebunden, der ebenfalls gültiges Zahlungsmittel ist.

Kiribati-Dollar

Wirtschaft

Eine wichtige Einnahmequelle sind die durch den Verkauf von Fischereilizenzen an ausländische Fischereiflotten erzielten Gewinne. Sie machen 30–40 % der jährlichen Einkünfte des Staates aus. Eine weitere wichtige Einkunftsquelle ist der Koprahandel. Der Tourismus hingegen spielt noch eine sehr untergeordnete Rolle. Der Weltorganisation für Tourismus (UNWTO) zufolge zählt das Land mit seinen wenigen Tausend Besuchern pro Jahr zu den fünf am seltensten bereisten Ländern der Welt.

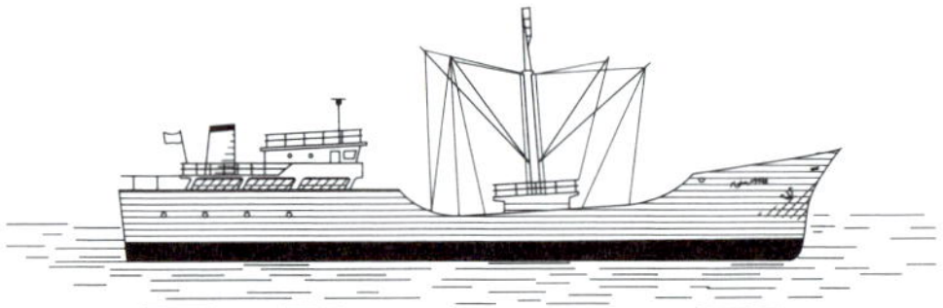

Fischkutter

Wohnen

Die verschiedenen Aktivitäten des Alltags verteilen sich auf mehrere, zumeist wandlose, auf Pfählen errichtete Hütten, die aus dem Holz des Schraubenbaums gefertigt werden. Das robuste Dach ist vollkommen wasserundurchlässig und hält selbst den heftigen, jahreszeitlich auftretenden Wolkenbrüchen stand. Es wird aus Schraubenbaumblättern gefertigt, die getrocknet und anschließend um die Blattrip-

Kia-kia

pen von Palmblättern gewickelt und geflochten werden. Die Dächer werden etwa alle sieben Jahre erneuert.
Die Hütten erstrecken sich von der Straße zum Meer hin, beginnend mit der kia-kia, *die als Schlafraum dient. Daran schließen sich die größere* bwuia, *die ebenfalls zum Schlafen genutzt wird, in der man aber auch die Freizeit verbringt, die* umwa, *eine Hütte, in der gekocht wird, die* bata, *ein geschlossener Abstellraum mit Wänden, und die* bareaka, *ein Bootsschuppen, an. Lediglich ein kleiner Teil der Bevölkerung hat Zugang zur öffentlichen Wasserversorgung, alle anderen beziehen ihr Wasser aus Regenwasserbehältern oder aus privaten oder öffentlichen Brunnen. Viele Hütten sind nicht mit Sanitäranlagen ausgestattet. Deshalb ist es nach wie vor weitverbreitete Praxis, seine Notdurft direkt im Meer zu verrichten.*

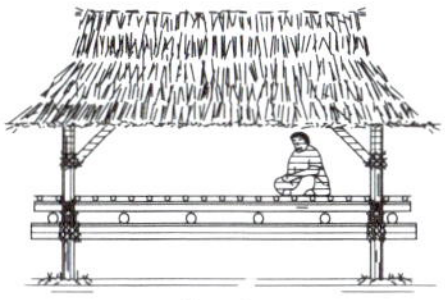
Bwuia

Z

Zweiter Weltkrieg

Im Zweiten Weltkrieg besetzte Japan einen Teil der Atolle. Im November 1943 führten die alliierten Streitkräfte eine siegreiche Offensive gegen die japanischen Stellungen auf dem Atoll Tarawa durch, eines der blutigsten Gefechte des Pazifikkriegs, in dem 4700 japanische Soldaten starben.
Die Überreste von Schiffen, Flugzeugen und Panzern zeugen bis heute von diesen Ereignissen.

Zweiter Weltkrieg

Ein Kommen und Gehen

1000 v. Chr. — 1200 n. Chr.

Indigene pazifische Bevölkerung

Völkerwanderung der Samoaner, Fidschianer und Tongaer

Es waren friedliebende Menschen, die vor rund 3000 Jahren eine Handvoll kleiner Punkte inmitten des blauen Meeres bevölkerten. Sie führten ein bescheidenes, geruhsames Leben, ernährten sich von den Fischen aus dem nahe gelegenen Ozean und **dachten nicht daran, sich das Leben schwerzumachen.**
Ihre Vorfahren, die außerordentlich gute Seefahrer waren, waren nach einer langen Reise aus dem Westen, genauer gesagt aus Indonesien, hier gelandet.
Sie waren jedoch nicht die Einzigen, die sich auf die lange Reise über das Meer gemacht hatten. Andere, befreundete Völker hatten eine noch viel weitere Strecke zurückgelegt und hatten auf ihrem Weg jene Sprache verbreitet, die wir heute als austronesische Sprachfamilie bezeichnen.
Eines schönen Tages vor nunmehr fast 800 Jahren erblickten sie riesige Boote am Horizont. Sie wurden von erfahrenen Ruderern gelenkt, die entschlossen waren, sich hier niederzulassen.
Es waren die Samoaner. Auf sie folgten die Tongaer und die Fidschianer, und sie alle sollten einige Jahrhunderte später hier heimisch sein und

1500 n. Chr. — 1765 n. Chr. — 1777 n. Chr. — 1788 n. Chr.

Entdeckung der Inseln durch spanische Seefahrer

Ankunft europäischer Walfänger

James Cook entdeckt die Weihnachtsinsel.

Gemeinsam mit John Marshall bereist Thomas Gilbert die 16 Atolle der später nach ihm benannten Inselgruppe.

sich einander so weit angenähert haben, dass bestimmte Elemente der polynesischen (Tonga und Samoa) und der melanesischen (Fidschi-Inseln) Kultur zum gemeinsamen Kulturgut aller Bewohnern der Atolle geworden waren.
Es folgten die Jahre der Entdeckungsreisen und das Zeitalter der Segelschiffe. Zum ersten Mal begegneten den Einheimischen hellhäutige Menschen, die ihnen unverständliche Sprachen sprachen und merkwürdige Kleider trugen. Die Archipele waren zu einem Kreuzungspunkt geworden, an dem man ein paar Monate verweilte, um danach wieder in See zu stechen. **Die Fremden, die dort anlandeten, kamen aus Spanien, Russland, England und Amerika.** In der zweiten Hälfte des 17. Jahrhunderts kamen andere Europäer mit Walfangschiffen, um die Pottwale zu fangen, die hier in großer Zahl anzutreffen waren.
Und dann gab es noch die, die nach einer oft jahrelangen Reise hier vor Anker gingen und, kaum dass sie den Fuß an Land gesetzt hatten, **das Wort »Entdeckung«** ausriefen. Sie führten ungewöhnliche Karten mit sich, auf denen sie minutiös jedes morphologische und

1820 n. Chr. — 1857 n. Chr. — 1892 n. Chr.

1820 n. Chr.: Der russische Weltumsegler Adam Johann von Krusenstern benennt die Tungaru-Inseln in Gilbert-Inseln um.

1857 n. Chr.: Ankunft der ersten christlichen Missionare

1892 n. Chr.: Errichtung eines britischen Protektorats mit Verwaltungssitz in Tarawa

geologische Detail des Landes vermerkten.
Zu ihnen zählte auch James Cook, der am 24. Dezember 1777 auf seiner dritten Pazifikfahrt auf dem bis heute größten Atoll der Welt landete, dem er – weihnachtlich gestimmt – den Namen »Christmas Island« (Weihnachtsinsel) gab, was in der Sprache der Einheimischen Kiritimati bedeutet.
Einige Jahre später, 1788, durchquerte der englische Entdeckungsreisende Thomas Gilbert gemeinsam mit John Marshall auf der Fahrt von der australischen Botany Bay nach Kanton das Meer vor den 16 Atollen der Inselgruppe, denen der russische Hydrograf von Krusenstern später den Namen Gilbert-Inseln gab.
Mit ganz anderen Absichten landeten ab 1857 die christlichen Missionare auf den Inseln. Diese, ab 1888 vorwiegend katholischen Kirchenvertreter predigten den Inselbewohnern eine neue Religion, um sie zu einem neuen Glauben zu bekehren.
Zu diesem Zweck verbannten sie bestimmte Bräuche und Sitten und errichteten Kirchen, um möglichst viele Menschen zu erreichen.
Viele Einheimische wurden in diesen Jahren gewaltsam entführt, um sie auf den Fidschi-Inseln, in

1942 n. Chr.

Bombardierung und Besetzung einzelner Inseln durch japanische Soldaten

1957 n. Chr.

Atomtests vor Kiritimati

Samoa, Hawaii, Tahiti, ja sogar in Amerika, auf Sklavenmärkten zu verkaufen.

Es kam zu ersten Unruhen unter der sonst so friedliebenden Bevölkerung, und es entbrannte ein Kampf um das Land, der in regelrechten kriegerischen Auseinandersetzungen zwischen rivalisierenden Familien gipfelte. Zu der Zeit, als Kapitän Edward Davis 1892 auf den Gilbert-Inseln landete, waren zehn Kriege in Gang, an denen vier Generationen beteiligt waren. Der Engländer konfiszierte die Waffen und brachte die Inseloberen dazu, der Errichtung eines britischen Protektorats zuzustimmen, an das nach und nach auch die Ellice-Inseln, die Inseln Teraina, Tabuaeran, Kiritimati, die Korallenatolle von Tokelau, die Insel Banaba und die Phoenix-Inseln, von denen zwei gemeinsam mit den Vereinigten Staaten verwaltet wurden, angeschlossen wurden.

Damit gelangten die Inseln unter britischen Einfluss und wurden später zur Kronkolonie erklärt. Dabei waren **Kooperation, Unterstützung und Entwicklung** die zentralen Elemente der Politik der Kolonialmacht. Folgen der Kolonialpolitik waren aber

1977 n. Chr.

Die Gilbert-Inseln, die Phoenix-Inseln, die Zentralpolynesischen Sporaden und die Insel Banaba erhalten den Namen Kiribati.

1979 n. Chr.

Unabhängigkeit von Großbritannien und Gründung einer parlamentarischen Republik

1999 n. Chr.

Beitritt zu den Vereinten Nationen

auch **die Ausbeutung der Natur und soziale Ungleichheit.** So führte etwa der Abbau der reichen Phosphatvorkommen, die man auf der Insel Banaba entdeckte, dazu, dass die Insel für die Bewohner unbewohnbar wurde und sie auf die Fidschi-Insel Rabi übersiedeln mussten, wo sie noch heute leben.

Doch dies war noch lange nicht das Ende dieses Kommens und Gehens. 1942, mitten im Zweiten Weltkrieg, sahen die dunkeläugigen Inselbewohner zum ersten Mal **in die Mandelaugen japanischer Soldaten,** die einen Teil der Inseln besetzten und über anderen Bomben abwarfen. 4700 dieser Soldaten sollten im November 1943 in einer blutigen Feldschlacht gegen die amerikanischen Streitkräfte ihr Leben lassen.

Bedroht wurde das friedliche Leben auf den Inseln später erneut, diesmal durch die von Großbritannien durchgeführten Atomtests, bei denen zwischen 1957 und 1962 vor der Südspitze der Insel Kiritimati 32 Wasserstoffbomben abgeworfen wurden, um die Schlagkraft der britischen Streitkräfte im Falle eines kommunistischen Überfalls auf den Westen zu testen.

2014 n. Chr.

Kiribati erwirbt von der Anglikanischen Kirche ein 20 km² großes Stück Land in Vanua Levu auf den Fidschi-Inseln.

Ab 1963 gestand man den Inselbewohnern zu, in beratender Funktion an der Regierungspolitik mitzuwirken. 1977 wurde das Gebiet in Kiribati umbenannt, und am **12. Juli 1979 wurde das Land in die Unabhängigkeit entlassen.**
Aus den Gilbert- und den Phoenix-Inseln, den Zentralpolynesischen Sporaden und der Insel Banaba wurde eine parlamentarische Republik und das 41. Mitglied des Commonwealth.
Im Jahr 2016, fast 40 Jahre nach der Entlassung in die Unabhängigkeit, ist Kiribati neuerlich mit fremden Eindringlingen konfrontiert. Diesmal sind es die ausländischen Fischereiflotten, die Fanglizenzen von der Regierung erwerben und den Fischreichtum dieser Meere ausbeuten. Die katastrophalen Folgen des Treibhauseffekts könnten dem Verlauf dieser Geschichte jedoch eine andere Richtung geben. Könnten die Bewohner Kiribatis doch gezwungen sein, ihr Land nach 3000 Jahren zu verlassen und an einem anderen Ort neu anzufangen.

Und die Geschichte wird weitergehen ...

Bibliografie

Petra M. Autio, *Hard Custom, Hard Dance: Social Organisation, (Un)Differentiation and Notions of Power in a Tibiteuean community, Southern Kiribati,* Diss. Helsinki 2010.

Ribanataake Awira u. a., *Kiribati country report: Profiles and results from survey work at Abaiang, Abemama, Kuria and Kiritimati,* Nouméa, Neukaledonien 2004.

C. Scott Baker u. a., »Species identity and human consumption of beaked whales in the Gilbert Islands, Republic of Kiribati«, in: *Animal Conservation,* 16, 2013, S. 641–647.

Caroline Bingham, *Whales & Dolphins,* London 2003.

Hiram Bingham, *A Gilbertese-English Dictionary,* Boston 1908.

Tony Camberlain und Jone Maiwelagi, *Fishing,* Suva, Fidschi 2001.

Brooke Campbel und Quentin Hanich, *Fish for the future: Fisheries development and food security for Kiribati in an era of global climate change,* Penang, Malaysia 2014.

Castalia Strategic Advisors und World Bank, *The Pacific Region Infrastructure Facility (PRIF) – Kiribati: Infrastructure Sector Review,* Asian Development Bank, 2009.

Central Intelligence Agency, *The world factbook, Australia-Oceania: Kiribati,* Washington, D.C., 2016.

Arthur Chen, *Cultural Heritage of Kiribati Field Study,* Center for World Heritage Studies, University of Minnesota, Minneapolis, MN 2012.

Jason Cressey, »Making a splash in the Pacific: dolphin and whale myths and legend of Oceania«, in: *Rapa Nui Journal,* 12, 1998, S. 75–84.

Ronald G. Crocombe, *Land Tenure in the Pacific,* Suva, Fidschi 1987.

Michael Dawson, Bernard Eccleston und Deborah McNamara (Hrsg.), *The Asia-Pacific Profile,* London und New York 1998

Department of Foreign Affairs and Trade, *Kiribati Program Poverty Assessment,* Tarawa 2014.

Christopher Doran, *Economic impact assessment of non-communicable diseases on hospital resources in Tonga, Vanuatu and Kiribati,* Sidney 2003.

Robert E. Emery, *Cultural Sociology of Divorce: An Encyclopedia,* 3 Bde., Thoasand Oaks, CA 2013.

Arthur F. Grimble, *A Pattern of Islands,* London 1952 (dt. *Insel der Geister. Ein Erlebnisbericht von den Gilbert-Inseln,* Hamburg 1953).

Arthur F. Grimble, *Tungaru Traditions: Writings on the Atoll Culture of the Gilbert Islands,* hrsg. von H. E. Maude, Honolulu 1989.

Institute for Alcohol Studies, »Pacific Island Profile: Kiribati«, in: *The Globe,* 1, 2005.

Institute for Health Metrics and Evaluation (IHME), *Kiribati. Findings from the Global Burden of Disease Study, Preliminary data,* The State of Health in the Commonwealth: Kiribati profile, Seattle 2013.

Kiribati Business Law Handbook: Strategic Information and Laws, Washington, D. C., 2013.

Kiribati National Statistics Office und SPC Statistics for Development Programme, *Kiribati 2010 Census, Volume 2: Analytical Report,* Nouméa, Neukaledonien 2012.

Gerd Koch, *The Material Culture of Kiribati,* Suva, Fidschi 1986 (dt. Erstausg. *Materielle Kultur der Gilbert-Inseln. Nonouti, Tabiteuea, Onotoa,* Berlin 1965).

Padma N. Lal, *Economic Costs of Inadequate Water and Sanitation, South Tarawa, Kiribati,* Asian Development Bank, Mandaluyong, Philippinen 2014.

David E. Lewis Jr, »Tungaru Conjugal Jealousy and Sexual Mutilation«, in: *Pacific Studies,* 13, 1990, S. 115–126.

Ministry of Internal and Social Affairs, *Republic of Kiribati islands report series,* Tarawa 2012.

Ministry of Internal and Social Affairs, *Kiribati National Youth Policy 2011–2015,* Tarawa 2015.

National Statistics Office, Ministry of Finance and Economic Planning, *Report on the Kiribati 2010 Census of the population and Housing, Vol. 1: Basic Information and Tables,* Tarawa 2012.

Pacific Climate Change Science Program und Kiribati Meteorology Service, *International Climate Change Adaptation Initiative – Current and Future Climate of Kiribati,* Tarawa 2013.

Don Paterson, *Overview of Land System in English-speaking Island Countries of the South Pacific,* Port Vila, Vanuatu o. J.

Republic of Kiribati Ministry of Education, *Digest of Education Statistics 2011,* MOE Statistics Unit, 2011.

Andrew Robertson, *Commonwealth Governance Handbook 2014/15: Democracy, development and public administration,* Cambridge 2015.

Oliver Sacks, *Die Insel der Farbenblinden,* aus dem Englischen von Hainer Kober, Reinbek 1997.

C. Stevens, Quandl, *Kiribati Statistic Data,* Toronto 2013.

Sister Alaima Talu, *Kiribati: Aspects of History,* Tarawa 1979.

Karibanang Tamuera, *Giant Clams Trade and CITES in Kiribati,* Fisheries Division, Ministry of Fisheries & Marine Resources Development Republic of Kiribati, Tarawa 2009.

Bron Taylor (Hrsg.), *Encyclopedia of Religion and Nature, Vol. 1: A–J,* London und New York 2005.

Roniti Teiwaki, *Management of Marine Resources in Kiribati,* Suva, Fidschi 1987.

UNICEF Pacific Suva research team, *I feel I can never get infected! Understanding HIV and AIDS Risk and Vulnerability Among Kiribati Islands Youth,* UNICEF Pacific Offices and The Government of Kiribati, Tarawa o. J.

Kambati K. Uriam, *In their own words: History and society in Gilbertese oral tradition,* Canberra 1995.

World Bank Group, *World Development Indicators 2015,* International Bank for Reconstruction and Development, Washington, D.C. 2015.

World Health Organization, *Kiribati report on traditional medicine (herbs),* Regional office for the western Pacific, Manila 1985.

World Health Organization, *Kiribati: WHO statistical profile,* Country statistics and global health estimates by WHO and UN partners, Tarawa 2015. (http://www.who.int/gho/countries/kir.pdf?ua=1)

Internetquellen

http://www.ageofconsent.com/kiribati.htm

http://www.cedol.org/pacific/kiribati/

http://www.everyculture.com/Ja-Ma/Kiribati.html#ixzz3d7JesJrs

https://iwc.int/status

http://www.janeresture.com/ki33/culture.htm

http://www.nationsencyclopedia.com/economies/Asia-and-the-Pacific/

Kiribati-INFRASTRUCTURE-POWER-AND-COMMUNICATIONS.html

http://pipa.neaq.org/2013/03/a-whales-tale-of-phoenix-islands.html

http://savekiribati.com/land-ownership.php

http://www.virtualschoolsandcolleges.eu/index.php/Kiribati

http://www.wikiwand.com/en/Kiribati

Dank

Ohne die unschätzbar wertvolle Unterstützung der vielen Menschen, denen wir in Kiribati begegnet sind, hätten wir dieses Buch nicht realisieren können.
Zu nennen wären da an erster Stelle Kataenano e Akineti Eritaia sowie Seese, Tetera, Matia, Takirate, Eritaia und Aggie, die uns so herzlich bei sich aufgenommen und uns wie Familienmitglieder behandelt haben. Des Weiteren Nick Jong, der uns nach unserer Rückkehr mit seinem Rat und seinen wertvollen Informationen zur Seite gestanden hat. Dael Allison und Rick Haughton, die uns das Mofa zur Verfügung gestellt haben, das uns die so nötige Bewegungsfreiheit gab. Dennis Pack und Ariraoi Toromon, die uns nach Butaritari – nicht nur dorthin – begleitet haben. Riiti Atanea, der für uns nicht nur seine Schule, sondern auch sein Herz geöffnet hat. Und unser so überaus liebenswürdiger Dolmetscher Wayne Uan.
Unser Dank gilt ferner (in beliebiger Reihenfolge): Tony und Andrea Mitchell, Schwester Mary Manuera und Schwester Margaret Sullivam, Ngatau Neneia, Kireata Ruteru, Karibanang Tamuera, Erena Tebamare, Tekena Tiroa, Linda Uan, Shifani Sood, Aneta Bureka, Monica Teraoi, George Kum Kee, Reeti Onorio, Pelenise Alofa, Akka Rimon, David Tio und Tabiria Tekamatoa, Rae Itinterunga und Claire Antarea.

Außerordentlich wichtig, ja unverzichtbar für uns war die Unterstützung all derer, die an dieses Projekt geglaubt haben.
Allen voran waren das die Eltern von Alice, Andrea und Cristina, mit Sara, Sheikh, Momo und Ibou und die Eltern von Andrea, Tina und Pierluigi, mit Alessandro, Francesca und Carlo.
Nicht zu vergessen Giulia Cugnasca, die es mit ihrer Begeisterung geschafft hat, dass jeder, der von unserem Abenteuer erfuhr, Gänsehaut bekam. Das Team von On printed paper, das uns in redaktionellen Angelegenheiten beraten hat, und unsere Freundinnen Francesca Calabretta und Federica Florio. Ein besonderer Dank geht schließlich an Onkel Tullio, der unsere Begeisterung für das Reisen und die Welt geweckt hat.

Und last but not least Dank an all jene, die uns beim Crowdfunding, der eine mit einem größeren, der andere mit einem kleineren Betrag, finanziell unterstützt und es uns so ermöglicht haben, uns auf diese Reise zu begeben.
Ein besonderer Dank geht an die drei wichtigsten Geldgeber: Sabrina Sanguineti, Ercole Pellegrini und Stefano Sabbatucci.

*»Diese Niederschrift, die mich während der letzten Monate beschäftigt hat, erlaubte mir, ja zwang mich, die Inseln in meiner Erinnerung erneut aufzusuchen. Und da die Erinnerung [...] niemals nur simple Aufzeichnung oder Reproduktion ist, sondern ein aktiver Prozeß der Rekategorisierung – der Rekonstruktion und Phantasietätigkeit –, ein Prozeß, der von unseren eigenen Werten und Perspektiven bestimmt wird, hat mich die Erinnerungsarbeit dazu geführt, diese Besuche in gewisser Weise neu zu erfinden und so ein persönliches, eigenwilliges, vielleicht exzentrisches Bild dieser Inseln zu entwerfen.«**

Oliver Sacks, *Die Insel der Farbenblinden*

* Alle in diesem Buch behandelten Aspekte wurden anhand empirischer Daten, die wir im Laufe des Jahres 2014 vor Ort gesammelt haben, sowie anhand von Quellen wie Monografien, Wissenschaftsjournalen, Aufsätzen, Berichten, offiziellen Dokumenten und Internetseiten recherchiert und verifiziert.

Nach einer Idee von Alice Piciocchi und Andrea Angeli

Erstmals veröffentlicht in Italien 2016 von 24 ORE Cultura srl, Milano
Italienischer Originaltitel: *KIRIBATI – Cronache illustrate da una terra (s)perduta*

Übersetzung: Barbara Holle, München
Lektorat: Dr. Tamara Al Oudat, München
Produktion und Satz: Sieveking Verlag, München

ISBN 978-3-944874-74-6

Printed in Germany

Andrea Angeli

Der 1984 in Brescia geborene diplomierte Architekt absolvierte sein Studium am Polytechnikum Mailand. Seine singuläre berufliche Laufbahn führte ihn von der Baustelle über verschiedene Archive und Planungsbüros zum Verlagswesen. Wenn man ihm als Kind begegnete, hatte er die Nase stets in die Luft gereckt, um die Kondensstreifen der Flugzeuge, die er heute benutzt, um an ferne Orte zu gelangen, später in seinen Schulheften nachzuzeichnen. Und auf diesen Reisen entdeckte er, dass das Zeichnen eine faszinierende Möglichkeit ist, um anstelle von Häusern Geschichten zu konstruieren. Die Illustrationen in diesem Buch sind die Quintessenz seiner letzten, außergewöhnlichen Reise.

Alice Piciocchi

1985 in Mailand geboren, studierte Piciocchi am dortigen Polytechnikum Industriedesign. Sie verfasste Forschungsarbeiten, Artikel und andere Publikationen zu Themen der Architektur und des Designs. Das Fach Geografie war ihr als Kind verhasst. Dass sie dies heute mit anderen Augen sieht, ist ihrer Begeisterung für Landkarten und einer ungewöhnlichen Reise nach Kiribati geschuldet, die sie sogar dazu veranlassten, sich für ein Aufbaustudium im Fach Geografie einzuschreiben. Die Geschichten in diesem Buch erzählen von dieser Reise.